JN074233

海外M&Aの戦略と実践

Kusumoto Chavalit & Partners Ltd.

代表パートナー 楠本隆志［著］

海外事業を成功に導く
クロスボーダーM&Aの実務

中央経済社

はじめに

　筆者が代表パートナーを務めるKusumoto Chavalit & Partners（以下，KCP）は，日本およびASEAN域内でのクロスボーダーM&A（買収等）／事業開発支援を行うアドバイザリーファームである。

　2010年にタイの著名な弁護士で，大手法律事務所 Siam City Law Group（2019年に西村あさひ法律事務所との経営統合により現在は SCL Nishimura）代表であるチャワリット・ウタサート氏とともに，日本とASEAN，そしてアジアから世界の発展に貢献する志を持ったアドバイザリーファームをつくろうという理念を共有し，KCP設立に至った。背景には，日本企業が真の意味で海外進出に成功する知見を提供できるアドバイザリーファームが求められているという使命感があり，同時に，グローバル化が進む世界に大きく遅れを取る日本経済と，旧態依然とし内向きなまま姿勢を変えようとしない日本社会に対する危機感があった。

　現在，KCPはクロスボーダーM&Aの案件組成と取引執行に関する助言を中心に，その前段となる市場調査や戦略面のコンサルティングから現地パートナー探索，そしてM&A後の経営統合（役員派遣を含む）まで，ASEANビジネスに関する包括的な知見とケイパビリティをプロフェッショナル・サービスとして提供している。三菱地所，日本石油（現 ENEOSホールディングス），日活・日本テレビ，鴻池運輸等の事業会社から，西村あさひ法律事務所や辻・本郷税理士法人等の士業まで，

各産業において日本を代表する企業の海外事業をM&A・合弁を通じて
支援させていただく機会に恵まれた。

　筆者は大阪外国語大学（現　大阪大学・外国語学部）卒業後，1978年
ある日系商社に入社した。とにかく海外に出て早く経験を積みたいとい
う気持ちが強く，その志を原動力に20代でサウジアラビアの現地企業へ
出向し，1993年から2000年までは米国でニューヨーク現地法人副社長，
シアトル現地法人社長を務めた。

　日本本社に帰任後，とある案件を通じてタイ国政府系商業銀行のバン
クタイ（現 CIMB Thailand）のピラシン頭取と知己を得て，頭取より
直々にオファーを受け，これまで縁のなかったバンコクに居を構えるに
至った。以降，同行に2002年から2010年まで在職し，執行副頭取として，
タイ企業初の日本企業買収に関わるなど，数々の貴重な経験をさせてい
ただいた。

　当時のバンクタイには，頭取以下全員が必ず守る“鉄の掟”があった。
それは毎週，必ず新規顧客企業を 2 社，訪問するということである。と
かくデスクワークに終始しがちな旧来型の銀行のあり方を見直し，外に
出てより多くのクライアントと直接に会うべきである，というのが頭取
の方針だった。

　訪問に際しては必ず当該法人のCEO，CFOに会い，最低でも過去 3
年分の財務諸表を読み込み，業績，投資動向等についてのヒヤリング結
果をレポートにまとめることとされた。そのうえで，短期長期融資，当
座貸越，外国為替，預金，トレードファイナンス，社債発行などについ
て提案を行うのである。

　私に課せられたミッションは日系企業との取引拡大であった。元商社
勤めの私からすると，週 2 件新規顧客訪問というのはいかにも生ぬるく，

優にこなせる企業数に思えたが，月日が経つにつれ次第にボディブローのように効いてくる。少なく見積もって週2社，月に約10社，年間120社という計算になる。私は8年在職したため，ざっと通算1,000社以上は訪問したということになる。業種，規模は問わず，アポイントが取れたところから片っ端から訪問した。そして銀行員として顧客のさまざまな経営課題に向き合う中で，次第に業績が好調な企業とそうでない企業の違いが分かってきた。

どうすれば海外事業は成功するのか。その答えは，"現地パートナーとの協業によって互いの強みを生かした事業開発を行う"ことにある。金融実務家としての現地・現場での経験を通じ，試行錯誤の末に，海外事業の「成功の方程式」はこれだと確信するに至った。筆者はこの「成功の方程式」をもとに2010年，KCPを設立した。それから10年余りになるが，当時持ったこの確信はいまも全く変わっていない。

日本が少子高齢化にともなう内需減少や相対的な国際競争力の低下によって，経済的に縮小していくのは明らかである。日本が「失われた30年」に時代を費消している間，お家芸として知られたエレクトロニクスは急速に国際競争力を失い，ついには韓国，台湾企業の後塵を拝するに至った。今では，世界に「ジャパン・アズ・ナンバーワン」「ものづくり大国」と誇った日本の存在感は，当時の見る影もない。確固たる立場を堅持してきた自動車産業でさえ，昨今の電気自動車（EV）の台頭により産業モデルが変わろうとしており，その盤石たる基盤も揺らいでいる。

スイスのビジネススクールIMDが毎年発表している世界競争力ランキング（World Competitiveness Ranking）2020年度版では，日本は対象63ヵ国・地域のうち34位と1997年以降で過去最低のランクを記録した。特にビ

ジネス効率（Business Efficiency）に関する評価が低く，生産性・効率性
（Productivity & Efficiency）は55位，マネジメント慣行（Management
Practices）が62位という結果だった。日本人はマインドセットを変える
必要がある。日本はもうかつてのような先進国ではない。

　こうした時代において日本企業が取るべき道は，ASEANを起点に，
アジア，世界を土俵に勝負するということだ。そのためには，現地パー
トナーとしっかり組み，その国に根づくようなビジネスを行っていかな
ければならない。

　KCPは設立以来，上記のような理念および認識に基づき，日本企業
のASEAN進出および事業展開への実務的支援を継続してきた。2020年
度には経済産業省の調査事業「海外現地法人の経営力向上に向けた実態
調査」を受託するという機会を得て，アジア各国で事業を展開する日系
企業の経営層，支援機関等を対象とするヒヤリング調査を行ったうえで
政策的提言を取りまとめた。手前味噌ではあるが，在外法人にこうした
調査を委託するというのは，長い歴史を持つ当省としても初の事例と
なったらしい。

　しかし，筆者として感慨深かったのは，当該プロジェクトに関わった
経済産業省のメンバーが，弊社を選定した段階で「良い現地パートナー
と組む」という，まさに我々が実践する"海外事業成功の方程式"を仮
説として共有していたことである。隔世の感がある。派生する取組とし
て，日系金融機関全22行（現在）が参画する「海外進出コンソーシア
ム」の創設（2021年6月）に発起人・事務局として携わり，産・官・
学・金の知見の交流を通じた一体的支援体制の構築・強化を目的とした
実務家・識者との連携・意見交換を定期的に行っている。

　本書は，こうした一連の実務の過程で確立したKCP流の海外進出「成功の方程式」，すなわちM&Aの戦略的活用による海外事業開発に必要な実践的知見を共有するものである。執筆に際しては，実際に私たちがご支援した事例を紹介することで臨場感を持って読み進めていただけるように心がけた。とかく，類書においては実業家の目線からはややもすれば各論に深入りし，理論に終止する一方で実務のイメージが見えず，"実践"に必要なノウハウを汲み取り難いものが散見される。その意味で，本書は一線を画する内容になったと自負している。

　本書は，これから海外に進出しようとしている企業，すでに進出している企業の経営者，経営・海外担当の役員および担当者，現地法人駐在員，あるいは志半ばに日本でくすぶっている若手社会人，学生等，海外ビジネスに関心を持つすべての方々に読んでいただきたい。世界に，アジアに生きる"ニッポン株式会社"の一員として自分は何を為すべきかを，どのような価値を世の中に提供すべきかを，本書を手に是非とも考えてみてほしい。
　この本の出版に快く応じてくれた中央経済社に謝意を表する。

　2022年11月　快晴のバンコクにて

Kusumoto Chavalit & Partners Ltd.

代表パートナー　楠 本 隆 志

Contents

第Ⅰ部　戦略編

第
Ⅰ
部

戦
略
編

第
Ⅰ
部

戦
略
編

第
Ⅰ
部

戦
略
編

第Ⅱ部　実践編

第Ⅱ部　実践編

第I部

戦略編

第 **1** 章

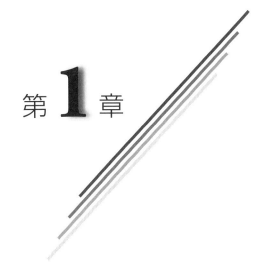

なぜ日本企業の
海外事業は失敗するのか？

1-1　戦略なき海外進出

日本企業による海外進出の現状

　日本企業の経営者にとって，海外進出は身近な経営テーマになった。企業規模の大小，あるいは業界・業種を問わず，国内市場の伸び悩み，新興国市場の成長と成熟，経済活動のグローバル化等を背景に，成長戦略の一環としての海外進出を行う日本企業は年々増加し，新聞等のメディアを通じて目にする機会も増えている。しかし，その実情はうまくいっているのだろうか。ここでは，日本企業の海外事業の（残念な）現状とその背景に存在する構造的な課題を概観したい。

　海外進出というものが身近なテーマになったことはよいことである。しかし，いまだに「同業他社が進出したから」「これからはASEANの時代だから」「IR上の見栄えが悪いから」といった安直な理由から海外進出を検討し始める企業が少なくない。海外進出にあたって，企業が検討すべき論点は，複雑かつ多岐にわたる。進出国の検討と選定，事業性の評価，あるいは土地の選定，会社設立手法，従業員の採用といった経営上の諸論点について，すべて独自で対応できる知見とケイパビリティを有する企業は皆無に近い。

　特に，海外進出の鍵を握る現地パートナーの探索と選定，協業スキームの構築に関して，戦略的に取組めている企業となると，さらに限られてくる。現地市場の土地勘もない中，商社あるいはメガバンクから紹介されたローカル企業，あるいはM&Aであれば持込案件に勢いで手を出し，結果として“高い授業料”を払うことになっている事例は枚挙に暇がない。海外進出の失敗によって失うのは，金（＝経済的損失）だけで

はない。時間を失い，従業員の士気をも失うことになる。

　海外進出は「第二の創業」である。事業基盤のない海外において事業化を目指すということは，ゼロからイチをつくるという "創業者の苦しみ" に似た苦労を味わうことにほかならない。日本は戦後，高度経済成長期によって下支えされ，一定程度国内需要のみで事業を拡大，維持できたという環境に加え，やはり海を隔てた国に対して得られる情報は少なく，海外進出にあたっては思い切って海の向こうへ飛び込んでいくという感覚になるのだろう。だが，戦略を欠いた事業が成功するはずもない。ましてやそれが海外であればなおさらだ。

"とりあえず進出" は必ず失敗する

　日本の上場企業の海外進出関連のプレスリリースなどを見ていると，今なお，以下のような文言が散見される。

> 「当社は，20XX年X月XX日開催の取締役会において，ベトナム社会主義共和国ハノイ市における子会社の設立について決議いたしましたので，下記のとおりお知らせいたします。…＜略＞…今後は，現地事業の開始および運営に向けた現地の市場研究，情報収集やネットワーク構築を進めてまいります。」

　戦略のない "とりあえず進出" は必ず失敗する。"とりあえず" というのは，上記例のように明確な事業構想のないまま，まずは駐在員事務所／現地法人を設立しようという姿勢のことだ。そうは言っても，実は開示書面に現れないだけで，裏ではいくつかの具体的な戦略的構想を練っているのではないか，という反論はあるかもしれない。しかし，筆

者のこれまで20年のこの分野における支援経験から断言できるが，こういう形で進出した日本企業のうちほとんど（9割9分以上）は，戦略というに足りるほどの議論と熟慮を尽くしていない。

　この点，海外市場においては国内市場に比べて一次情報が断片的にしか取得できず，大幅に限られるため，まずは現地法人を立ち上げ，駐在員を送り出したうえで一次情報を取りに行こうという趣旨であれば理解できないことはない。しかし，言葉もわからない異国の土地に出向いて現地の「市場研究」や「情報収集」を行い，現地企業にアポイントを取って情報交換を行い，「ネットワーク構築」ができるような日本人人材がどれだけいるというのだろうか。残念ながら，そういった素養を持つ人材というのは非常に限られている。

　とりわけ，トップダウン式に物事を決めるオーナー系中心のASEANでビジネスを進める場合，オーナー，最低でも役員クラスの意思決定者と相対しなければとても仕事はできない。彼らと直接にアポイントを取り，（流暢とはいえない英語で）交渉をし，仕事を取り，納品管理をし，しかも債権回収までやってのけるスーパーマンのような人材となると，さらに限られてくる。そんな人材がいれば，それはもはや自ら事業を興す起業家になるべき傑物であろう。

　そうすると現地の日系企業に一通り油を売るしかなくなるのだが，そんな物見遊山式の仕事をするなら，数日の出張で十分である。日系商社，銀行，あるいはコンサルティング会社に一通り顔を出すという例もよく見られるが，そんなところに儲かる話がやってくるはずもない。儲かる話の種は，現地企業のオーナー・経営者が持っているのである。

　こうして，現地に放り出された駐在員は「ドツボにはまる」のだ。

8

　数年前，大手サービス業の現地法人社長が弊社オフィスに相談
に来られた。東証一部に上場，数千名の従業員を抱え売上高は数
千億円という規模有の立派な大企業である。しかし，タイに現地
法人を設立してからはや10年近くになるが依然として赤字続きで
あり，毎年のように債務超過に陥る寸前に親子ローンを繰り返し
ているという。現地法人設立の経緯，株主構成や苦戦している理
由について受けた説明をまとめると，以下のような経緯であった。

　競合他社が同社より先にタイに進出したことを受け，ある日海
外担当執行役員が「うちもタイに進出しよう」と言い出した。当
時，シンガポール事務所に駐在していたA氏が，現地法人を設立
するよう命を受けてバンコクに出張した。サービス業は外資規制
にかかるため，本社からいわれるまま，日系メガバンク系の“コ
ンサルティング会社”のタイ法人数社から名義を借りて設立した。

　ASEAN各国は自国の産業を保護するために，一定の業種に関
しては外国企業の参入を完全禁止，または持ち株比率に上限を設
けることで規制している。名義借りとは，日系企業が独資で進出
できない際にタイローカル企業や日系金融機関に使用料を支払い，
外国企業とみなされないように登記をする手法である（法律違反
である）。

　そうして，タイ現地法人が設立された。日本人2名体制でス
タートしたが苦戦が続いている。日本の大手取引先を訪問してみ
ても，「人材も設備も整っていない会社に頼める仕事はない」と
一蹴されたという。人材の採用にも設備投資にもまずもって資金
が必要であり，かつそこから人材の育成，機械の購入，搬入とな
ると時間を要する。果たして，ようやく人材も設備も整ったその

第Ⅰ部　戦略編

ときに，これらの企業は取引を行ってくれるであろうか。鶏か卵かの空虚な議論を社内で延々と行う一方で，新規先の開拓は一向に進まない悪循環に陥り，8年連続の赤字だという。

　いつまでも事業化のメドが立たず，打開策を思案するにも手の付けどころがわからない。そこで弊社に相談に来られた，ということであった。

なぜこの会社は海外事業に失敗したのか。答えは至極単純であり，明確な戦略を欠いた「とりあえず」のオンパレード，無策というほかない進出の仕方にそもそも問題があるのだ。

- 競合他社がタイに進出したので，「とりあえず」我が社もタイに進出しよう。
- 「とりあえず」シンガポール駐在のA君にバンコクに出張してもらおう。
- 「とりあえず」バンコクで会社設立や市場に関する情報を収集しよう。
- 「とりあえず」名義を借りて会社を設立しよう。
- 「とりあえず」シンガポール駐在員のA君をタイ現地法人社長に任命しよう。
- 「とりあえず」現地で人材を採用しよう。
- 「とりあえず」日本の取引先でタイに進出している企業を訪問し，挨拶に行ってもらおう。

日本本社が決まっていう言葉がある。「A君ではダメだったな」。そもそも無策であった本社の責任を個人の問題にすり替えるのだ。もっぱら国内を活動の場としているビジネスパーソンには，にわかに信じがたい話かもしれない。しかし，筆者自身，商社の若手時代にはサウジアラビ

■図表1-1　典型的な海外進出の失敗パターン■

① 戦略の不在
「これからは東南アジアの時代だ」

② "とりあえず" 進出
「現地の情報収集を目的に，X国に駐在員事務所／現地法人をつくろう」

③ "たこツボ" 駐在員
「とりあえず日本で取引のあるX社さんや，出先の日系金融／コンサルに挨拶してこい」

④ 経営不振
「いつになったら事業が軌道に乗るんだ」

⑤ 単年PL主義
「既存の取組自体がうまくいっていないのに，新規で予算を使ってどうする」

⑥ 精神論
「しっかりやりきれ」
「君（担当者）ならやれると思っていたけどな」

いつまでも事業成長に結びつかない悪循環

アの現地企業に出向し，その後は米国現地法人社長を務めた経験もあり，当時はまさに問題の渦中にいる当事者として，そして今ではアドバイザーとして相談を受ける立場として断言できるのは，当時から今に至るまで，日本企業の海外事業に関する問題の所在，その根幹は変わっていないということである。海外進出がうまくいかない真因は，「戦略なき海外進出」の一言に尽きる。これこそ，典型的な海外進出の失敗パターンであり，この失敗パターンを何十年と世界のあちこちで繰り返してきたというのが，日本企業の現実である。

　余談であるが，事例で紹介した現地法人社長が「私はバッテンのついた人間ですから」と話していたことを覚えている。しかし悪いのは，戦略も戦術もないまま送り出した日本本社である。こうした海外進出を続けていては，この先も世界中で「バッテンのついた人間」が増えていくことになる。

会社設立＝海外進出，ではない

　海外進出においてまずもって重要なのは“事業”であり，現地法人なり駐在員事務所といったハコ（法人）はいつでもつくれる。そして，本来のあるべき議論としてまず語られるべきなのは，徹頭徹尾，事業の絵姿である。筋の良い仮説や具体的なタイムラインもなしに，「とりあえず海外に進出しよう」というのは戦略でも何でもない。そうしてなし崩し的に時間だけが過ぎ，いつまでも事業化のメドが立たないということになる。

　海外進出の鉄則を一言でいえば，それは「小さく，スピード感をもって」ということに尽きる。速やかに事業化を行う座組を考え，実行し，試行錯誤を繰り返す過程で組織として学習していくということが肝要なのである。

支援機関（官民）の責任

　“とりあえず進出”が今なお蔓延する原因の所在は，ひとえに日本企業の経営者だけにあるのではない。各種公的機関，銀行，弁護士・会計士，コンサルタントなど，日本企業に対して進言する立場にある進出支援機関の責任も小さくはない。海外ビジネスのプロ，という出で立ちで登場する彼らでさえ，日本企業の海外駐在員と同様に数年間で転勤があり，担当も変わる。これでは助言者たりうる実務知見や経験を十分に蓄積することは難しい。そうすると，必然的に習得が容易な“手続”に関する“知識”でもって対応するほかない。

　他方，“事業”に関する“知見（ノウハウ）”に基づいた助言を行うには，相応の経験と蓄積がいる。そうすると，自分たちが土俵とする外資

規制の態様，現地拠点設立あるいは不動産用地の取得，といったプロセス面に誘導しやすいということになる。

いうまでもなく，支援機関の専門家は決して悪意をもってやっているわけではなく，むしろ何かしらお役に立ちたい，という善意による助言であろう。"とりあえず"現地法人をつくってもらえれば，外形的には何かしら形になり，物事が進んだような気にもなる（残念ながら，単なる錯覚である）。銀行であればそこから派生した国際金融サービス，士業であれば実務面のサービスが提供できる，というソロバンもあるかもしれない。しかし，大事なのはその後である。繰り返しになるが，会社はいつでもつくれるのだ。

他方，単に現地滞在歴が長いだけで実務知見や経験の裏づけがない，自称"現地通"にも注意すべきである。特に「現地有力者とコネがある」という言葉には注意するべきだ。異国の地で，例えば「〇〇財閥のＡさんを知っている」といった言葉を聞くと心強く感じるかもしれないが，筆者の観測する限りにおいて，このような売り文句で不安と情報の非対称性につけ込み，ある種の属人的な関係性でもって権威を得ようとするのは，往々にして中身がないからである。しかもよくよく聞いてみると，知り合いの知り合いだとか，一度面談したきり，ということがよくある。

現地で事業を行うにあたって，オーナーや業界の有力者とのネットワークがあるというのは，重要であるのは間違いない。だがそれが単なる点的な関係では全く意味がなく，その業界において重要な立場にある関係者を巻込み，向かい合って対等に議論ができるような，いわば面的な関係性である必要がある。

結論として，事業側の視点としては，各種の情報提供や実務機能の提供による側面支援が彼らの役割ということは理解したうえで活用するべ

きである。要するに，支援機関を活用する場合においても，最終的には活用する側の見識が問われるということだ。ややもすれば関係者への礼節を欠いた手厳しい言い方になるが，日本企業の海外進出の現実を語るうえで，無策な海外進出を制してこなかった支援機関の責任も決して見過ごすことはできない。

　なお，こうした支援機関の作成した市場調査レポートを安易に鵜呑みにするべきではない。とりわけASEANをはじめとする新興諸国における情報の質は玉石混交であり，実態から乖離したミスリードなレポートも少なくない。経営上の意思決定を行う前提となる情報の質と信ぴょう性を見極め，その前提として現地マーケットの土地勘が必要不可欠である。

1-2　時代錯誤の海外進出モデルが抱える構造的欠陥

「とりあえず」でなくとも失敗する

　戦略のない，"とりあえず進出"が事業成功に結びつかないことを前節で述べた。一方で，それなりの戦略的方針を持ちながらも，そこで選択した海外進出のあり方によって必然的に失敗の道をたどる事例が散見される。旧態依然とした海外進出モデルの構造的問題に帰着する失敗例であり，要するに戦略にまともな"戦略性"がない，ということである。

　KCPが受託した経済産業省委託調査事業「海外現地法人の経営力向上に向けた実態調査（令和3年2月）」において，日本企業の現地法人経営者へのインタビューを通じて検出した海外事業の失敗類型の1つも，進出の仕方が悪手であったためにその後の事業展開で悪循環に陥っている，というものであった。

　かねてから，日本企業の海外"進出"は積極的な成長戦略推進のために自発的に行うものではなく，得意先の進出にともなう帯同要請，あるいは円高や世界的な経済危機など，一定の外的要因に基づく受動的な取組であった。ことアジア地域への進出黎明期における主たる動機は低コストな労働力を有する"生産地"としての活用であることが多かった。しかし，内需に支えられた国内市場への輸出拠点として海外を位置づける見方は，すでに時代に即していない。海外を単なる生産地，あるいは本邦市場の日系得意先に対するサービスの拡張という"戦略なき海外事業"のあり方を根本から再考し，現地市場をマーケットとして射程に入れるべき時代がすでに到来している。しかし，いまだに日本企業のほとんどは旧来型の進出パターンをアップデートできていない。現地を"消費地（市場）"

として捉え，かつグローバル経済のダイナミズムを踏まえた多面的な海外戦略への転換が急がれるが，今なお，多くの日本企業は旧態依然とした海外進出モデルから脱却できておらず，ここに構造的な欠陥を抱えている。

　「戦術の失敗は戦闘で補うことはできず，戦略の失敗は戦術で補うことはできない」（戸部良一ほか『失敗の本質』）。経営戦略の場合も同じである。大本営たる日本本社の戦略なくして，現地法人の事業成功は期待すべくもない。

　以下に，日本企業に多く見られる進出モデルの典型例を3つ挙げる。いずれも長らくアップデートされてこなかった旧来型の海外進出モデルであり，厳しい言い方をすれば，いずれも"戦略"というにはあまりに安直・短絡的，かつ市場環境の変化を捉えていない時代錯誤の海外進出モデルといってよい。戦略として構造的な負けパターンに陥っている場合には，その後の戦術なり現場の工夫で改善することは不可能である。いずれかに該当する企業には，速やかな再考が望まれる。

ケース①："帯同"進出─日系得意先ありきの海外進出

　"帯同"進出とは，日系得意先ありきの海外進出のことだ。特に大口顧客の進出の後追いでの，いわゆる同行型の進出である。伝統的に日本企業の海外進出は，このパターンが最も多く見られる。主体的に市場機会を探索するのではなく，大口顧客（一般に大企業）の実務面におけるサポートや，同じ日系としての取引関係と沿革が安心材料になるというのは理解できるし，また出口戦略の確保といった観点からは必ずしも悪手ではない。しかし同時に，特有の問題が多く存在するのも事実である。

　まず，海外現地の日系企業向けマーケットは一般に小さい。そもそもパイが小さい"日系企業サークル"内で馴れ合い的な仕事をしていると，

16

売上は自ずと頭打ちになる。そうすると当然に固定費を十分に回収できる売上は立たないため，利益率も低水準に止まることになる。また，同じ構造にある日系顧客からは，一次請け，二次請け等の力関係によって"生かさず殺さず"式の値引き交渉への対応を余儀なくされる。赤字が慢性化し，親子ローンを続けながら生きながらえる…。まさにタコツボ化した日本企業の海外現地法人が抱える負のサイクルである。

　海外進出においてもっとも避けなければならないのは，特定の顧客に大幅に依存した出口戦略によった進出である。実際にしばしば散見される例としては，取引関係の悪化，あるいは得意先の現地拠点の見直し（他国への移管）による出口戦略の消失による急速な業績悪化などが挙げられる。

事　例

　ある日系の中堅メーカー（自動車部品）は8年前，大手自動車メーカーの依頼を受けてタイに進出した。得意先の工場建設中からエンジニアを含む現地社員を10名ほど採用し，そのうち数人を日本に派遣，トレーニングを行った。トレーニング期間を終え，タイ現地で試作を開始した頃，大手自動車メーカーとの関係が悪化した。本社は関係の修復に努力したが溝は埋まらず，結果としてついに8年間一度も生産をしないまま日本の本社は撤退を決めた。

　まず必要なのは，特定の顧客に依存しない海外進出である。同じ日系を相手にするにしても，本邦の既存顧客基盤に限られない販路開拓を目指すべきだ。実際，一部の成功例においては，海外での取引関係を構築・強化することで，それを本邦市場での取引関係につなげるような動きも見られる。

　しかしながら，本来目指すべきは，ローカル現地企業への販路開拓であり，そして現地に進出するマルチナショナル企業群の開拓も含めた現地"市場"の開拓である。海外現地市場にインサイダーとして関わり，その過程で組織的知見を蓄積することこそが，本当の意味での"海外進出"ではないか。日本で行っていたことを得意先に帯同する形で海外で行うだけなら，それは単に座標が変わったに過ぎず，早々に業績の伸び悩みに直面することになり，いつまでも駐在員の人件費さえ回収できない。

　この点に関して知っておくべき事実だが，ASEANでは中堅・中小企業であっても日本の大企業が開拓できていないマルチナショナル企業を顧客に取引を行っていることが多い。とりわけ中間財メーカーなど，外資系企業のプレゼンスが高い業界を相手にする企業が，積極的に販路を開拓している。ローカル企業だけを相手に商売をしていると自ずと売上が頭打ちになるという背景もあるが，同時に，こうしたマルチナショナル企業を顧客基盤に持つことで得られる収益の安定，評判，取引を通じたノウハウの取込みなど，さまざまなメリットを理解しているからだ。こうした理由からASEANではたとえ中堅・中小であってもビジネスパーソンの英語力は高く，欧米式に標準化されたプレゼンテーションの作法等をわきまえている。むしろ，事業・人材の双方において，現地の中堅・中小企業に日本企業が見劣りすることのほうが多い。こうした事実は，実際に海外事業に関わっている日本人担当者には周知の事実である。

ケース②："モノ売り"進出―輸出ベースの海外進出

　"モノ売り"進出とは，輸出ベースでの海外進出のことをいっている。この形態の第一の問題は，構造的に輸送費・人件費をはじめとするコスト高となるために，現地市場における競争力がないことである。輸出モ

デルによる構造的なコストを売値に転嫁してなお競争力を維持できる希少性高い製品であるか，あるいは製品の性質上，国際輸送費を低く押さえられるのであればネックにはならない。しかし，前者についてスマートフォンや半導体といった高付加価値製品に至るまで，多岐にわたる分野において相対的な競争力が低下していることは改めて強調するまでもない。

　新興諸国の成長・成熟，グローバル経済への参画過程で蓄積された産業集積の裾野は目に見えて拡大した。後者についても，こういった製品はごく例外的な一部の電子部品等に限られてくる。このパターンによっては必ず販売が伸び悩むことになる。また，現地市場に関する知見やネットワークが自社内に一向に蓄積されないという問題がある。

事　例 ◆

　　ある日系の大手メーカー（消費財）は長らく，もっぱら現地の商社に頼った輸出ベースでASEAN主要国に事業展開を開始している。しかし，コスト構造の問題から，競合が限られる一部の製品のみしか展開できていない。今後の現地製造・販売型への転換による多角的な製品展開が案として定期的に議論されてきたが，今のところ時間だけが過ぎている。社長は海外展開に意欲的であるが，製造拠点確立に必要な設備に要する初期コストは高く，出口が見えない中で事業化できる確信が持てていない。

　　オペレーションを担う現地人材を採用し，教育するには少なくとも３年を要するのもネックである。商社頼みの現地販路に関する情報は限られるため，現地マーケットの規模，流通やトレンドも見えていない。

　なお，今だに巷間言われる「ジャパン・クオリティ（日本品質）」という決まり文句の安易な多用については，ここで改めて警鐘を鳴らしたい。時代を経るにつれ技術自体は徐々にコモディティ化し，品質のみによって差別化を図ることが難しくなる。「ジャパン・クオリティ」といわれた時代から，すでに四半世紀が経っているのだ。

　日本品質，という言葉に見え隠れする自己本位的かつ傲慢さが，かつて日本がお家芸と誇った家電メーカーの凋落を招いたのは明らかであろう。今後，日本企業の海外戦略における重視テーマは，「ジャパン・クオリティ」の対局への遷移を図ること，つまり日本ではなく現地ニーズに即した商品／サービス開発を行うこと，その前提として自国市場における自社基準をものさしとした独断的な品質信奉からの脱却である。組織論的に見れば，R&Dやマーケティング諸機能の現地への（全部または一部）移管を行う必要があり，同時に本当の意味で現地市場を知る人材を育てなければならない。いまだに悪弊として改められることなく続いている数年単位の駐在人事などは論外である。

ケース③：“竹槍”進出—リソースありきの海外進出

　“竹槍”進出とは，自社リソースありきの海外進出のことである。自社の既存プロダクト，本邦で取引関係にある商社や広告代理店等を通じた流通・マーケティング，そして自社に抱える人的体制ありきで現地市場への展開を試みるということだ。しかし，本邦市場とは異なり，一般に経営リソースが著しく限られる海外事業において，これはいわば「竹槍で戦闘機を落とせ」と言っているに近い。戦略的合理性を欠いた“スモールスタート”は，単なる清貧の精神論でしかない。

20

事　例 ◆━━━━━━

　　ある日系の大手サービス業（IT）は，3年前にタイに現地法人を設立した。大手商社で海外事業を経験した後に中途入社した日本人社員を現地法人社長に据え，自社プロダクト（B2Bの業務用システム）の現地市場への拡販をミッションとして課した。

　　地道な営業を重ねることで徐々に現地企業のコンペにも声がかかるようになってきたが，ローカル企業への導入実績の少なさがボトルネックになっており，毎回，現地の競合企業に競り負ける。受注できたのはこの3年間でたった一度だけである。営業兼カスタマーサポートを担う現地スタッフの採用も順次行っているが，理想としていた要件に合致するような優秀人材は獲得できておらず，しかも業界未経験者が中心であったため教育コストが非常に高い。

　　ようやく自社プロダクトの概要は理解し，それなりに営業も板についてきたが，細かい機能に質問が及ぶと的を射た回答ができないため，現地法人社長が直々に営業同行しなければならず，組織として全く効率的な動き方ができていない。

━━━━━━━━━━◆

　一定数の競合が存在する市場において，企業がシェアを獲得し，利益を上げるためには，市場内での競争優位性を確立しなければならない。戦略とはすなわち，経営資源（ヒト，モノ，カネ等）の振り分けであり，選択と集中であるが，ここで「選択と集中」を論じる以前に経営資源が著しく限られている場合においては，そもそも戦にならない。諸葛孔明のように優れた軍師がいくら知恵を絞ったとしても，竹槍でもって戦闘機と闘おうとするなら，まず勝ち目はないのと同じである。

　筆者が日本企業の海外進出に関して，現地企業との協業（M&A等）

による事業開発手法を推奨し続けているのは，こういった理由がある。詳しい裏づけは第2章で説明する。

今後の海外進出のあるべき姿

　ここまで述べた，日本企業の海外進出失敗の要因の背景にある構造的な課題から見えてくることは，そこに戦略らしきものが全くない，ということであった。これらを踏まえ，今後の目指すべき姿の方向性を示すならば，以下のとおりである。

- "とりあえず"進出→小さく，スピード感ある事業化と学習による進出
- "帯同"進出→現地顧客／マルチナショナル顧客開拓を前提とした進出
- "モノ売り"進出→R&D，製造，マーケティング等，経営諸機能の（段階的）現地化を目指す進出
- "竹槍"進出→現地企業との協業による戦略と集中の進出

　つまり旧来型の海外進出の逆を行くべし，ということである。
　1970年～1980年代などであれば，アジアにおける経済大国といえば日本くらいのものであった。しかしその後，中国，インドといった新興の経済大国はもちろんのこと，ASEAN諸国も力をつけてきた。かつてこの時代に存在した日本企業の持つ優位性は消失し，むしろ分野によっては後塵を拝している，それが今という時代である。そうした経営環境の変化にもかかわらず，日本企業の海外進出のあり方は全く進歩していなかった。そうした海外進出のあり方を再考せずして，日本企業の海外事業に，決して明るい将来が訪れることはない。

1-3　組織的知見の不足，組織・人事面の課題

組織的知見の不足

　海外事業開発が失敗する典型的な要因として前節で挙げたのは，そもそもの戦略がないゆえに進出の仕方を誤るからだ，ということであった。一方で，無事に進出フェーズを終え海外事業が一通り軌道に乗った日本企業も，拡大フェーズにおける特有の課題を抱える傾向がある。そうした企業に共通するのは，日系サークル内を中心とする商圏の狭さにある。

　例えば，製造業における川下領域において日本企業全体に競争力があり，高いシェアを維持できている時代における商社・メーカー各社は，日系の閉じた商圏に留まるだけでもそれなりに採算が取れたであろう。しかし，グローバル経済における競争環境にさらされ，新興国群のキャッチアップが進む過程において，多かれ少なかれ日本企業のシェアはおしなべて低下した。であるならば，現地顧客およびマルチナショナル顧客の開拓なくして，日本企業の成長戦略を描くことはありえない。その意味で，進出フェーズにおける問題と本質的には同じことがいえるのだ。

　日本企業，とりわけ各産業・業界をリードするような企業群の中には，海外において数十年，場合によっては四半世紀以上といった歴史的沿革を持っていることも少なくない。しかし，このように相当の事業展開の蓄積があり，現地人材の採用・育成なり経営諸機能の（段階的）現地化なりを一定程度終え，あるいは進めているようなトップ企業群においてさえ，先に述べた事業拡大フェーズにおいて直面する課題は同様に当てはまる。それは，実践的な海外進出のナレッジ（知見）が日本企業に不

足しているからだ。

　すでに述べたとおり，多くの日本企業にとっての海外進出は，自社の成長戦略のために自発的に行うものではなかった。ことアジア地域への進出の主たる戦略的狙いは，低コストな労働力を有する"生産地"としての位置づけであることが多く，現地を"消費地（市場）"として捉えるという視点を持つに至った歴史も浅い。

　したがって，主として販路開拓・マーケティングといった側面から見れば，現地市場への参入という，本質的な意味での海外進出を果たせていない企業が多いということである。グローバル経済における競争という観点からみても，事業規模から技術や知見の蓄積など，さまざまな面で日本は優位性を誇っていた。しかし，いうまでもなく昨今のビジネス環境をみれば状況が様変わりしたことは明らかであり，戦略なくして成功するほど甘い市場ではない。

　広い意味での経営・事業戦略という観点からみた海外市場におけるビジネス面の難所は，現地市場に対する情報の非対称性，商習慣・文化の相違，言語の問題と多岐にわたる。戦略の実行という観点からは，こうしたソフト面を理解したうえで交渉をリードし，事業をマネジメントできる人材の育成が必須である。海外事業が成功している日本企業はもれなく，組織・人事面の果たす重要性を理解しており，将来の海外事業を任せる幹部を選抜し，ミッションを課し，中長期的な成長を促す仕組みがつくられている。こうした経営的取組があって，本当の意味での"グローバル人材"が育つのである。

　しかし，大半の日本企業は潮目の変化を察し現状改善の必要性は認識しつつも，とりわけ海外進出に関する適切な戦略立案から実行に至る実務的方法論が組織的な知見として蓄積されていないため，現地市場における事業開発の立案から実行までを行うことができないのである。

組織・人事面の課題

　政府系機関から民間企業まで，日本企業の駐在期間は一般的に3年程度である。だが，実際，日本企業の駐在員自身が口をそろえて言うことであるが，3年といえばようやく土地勘ができる頃だ。実際に実のあるビジネスへと結び付けるには最低でも5年，できれば7年，8年と長期にわたって駐在する必要がある。

　一部の優れた日本企業においては，こうした中長期的な体制構築に向けた方向へと舵を切っている。余談であるが，ある日系金融機関の役員にこうした趣旨の進言を行ったところ，彼は「そうすると確かに人材は育つだろうが，長く駐在させると辞める人材も出てくる。人材が育ちすぎるのも組織としては悩みどころだ」と苦笑いして答えた。しかし，中途半端な人間を何人育てても海外で勝負できるわけがない。海外経験を積み，成長した人材が活躍できるキャリアアップの舞台を与え，処遇も成果と能力に応じて便宜を図るなどにより，従業員からみた自社の魅力を高めることも，経営として最重要の役割の1つである。

　対象的な取組として，韓国の最大財閥で総合家電・電子部品メーカーであるサムスングループが採用する地域専門家制度（Regional Specialist）を紹介したい。毎年，数百人の従業員を選抜したうえで，ミッションとしてそれぞれを担当地域に送り込む。日本企業と決定的に異なるのは，初めから現地社会に溶け込ませることを課し，その国の言語や文化を徹底して学ばせるという姿勢である。

　10年以上現地で働き続ける例もあるという。中長期的な視点で自社に"現地のプロ"を育成し，彼らを通じて現地の顧客や市場関係者と密な関係を構築することで実情に合った商品開発や販売手法の確立を可能にしている。近年の凄まじいサムスンの世界的躍進を組織・人事面から支

えている取組といえる。

　駐在期間の長短は，単なる外形的な数字に止まらず，人事面の仕組み
を通じて，その企業が見ている海外事業への真剣度を窺わせるものだ。
日本企業における駐在というのは本社をベースとしたキャリアパスの階
段を上がっていくための1ステップという位置づけである。それ自体は
問題ない。しかし，駐在員に対して経営としてどういう具体的な職責を
課し，責任と表裏の関係にある権限を与えるか，これが重要だ。その大
前提として，本社が明確な海外戦略を示さなければならない。これが戦
略の組織・人事面において肝要な点である。

　往々にして，日本企業の本社には明確な戦略がなく，「とりあえず
行って来い」と駐在員を現地に送り出してきた。そうすると，駐在員は
とりあえず「バッテン」がつかないようにと，日本本社の顔色だけを見
て仕事をする。往々にして現場が見えておらず，杓子定規に先例にな
らって筋の悪い指示を出してくる本社社員のいうがままに粛々と業務を
行う。

　たとえ現地法人の経営上の問題点に関して課題意識を持ったとしても，
それが自分の在職期間中に顕在化しないのであれば，と波風が立てない
ことだけを考える（しかし，すでに紹介した失敗事例のようにいずれ顕
在化する）。

　非合理的な組織に身を置く社員の振舞いとしては，至って合理的な判
断であろう。問題は経営にある。こうした問題は何も海外事業や駐在に
限ったことではないが，海外事業をいわば傍流とし明確な戦略・方針を
持つことを怠ってきた企業の海外事業関連の人事においては，とりわけ
こうした傾向が顕著に見られる。

　ある大手韓国企業に務める韓国人がこの点に関して，こんなことを
言っていた。

　「韓国企業で海外に派遣されたとして，そこで成果を残さなければ本社に戻ってもキャリアアップできない。だから皆，ここで結果を残さなければ韓国に戻れない，というマインドで仕事をする。もっとも，私は海外であれ国内であれ，持ち場で成果を残さなければ出世できないのは，当たり前のことだと思います」。

1-4　日本企業に対する海外での評価

　一般に，日本人が伝統的に重視する礼儀正しさというのは，海外でも総じて好意的に受け止められているようにみえる。海外企業のエグゼクティブも日本文化に対する配慮を示そうと，欧米式にファーストネームで呼びかけるのではなく，名字に"san"をつけて呼びかけていただけることも多い。特にASEANにはシニア層から今後各国の未来を担う若者に至るまで，留学経験などを通じた親日家，知日家も多い。彼らの存在は今なお，日本にとっての財産である。

　では，こと仕事の局面におけるビジネスパートナーとしての評価はどうか。実際に相対する海外企業から日本企業，そしてそこで働く日本人ビジネスパーソンはどのように評価されているのかについていえば，（日本人である筆者としては大変遺憾ではあるが）評価は決して芳しくない。以下に主だった評価を挙げる。

意思決定が遅い

　とにかく遅い，というのが日本企業に対する一般的な見方である。実際，日本企業を海外企業と比較したとき，ミーティング日時の調整，方針・ネクストアクションの決定，質問に対する回答，契約書のレビュー，とにかく何ごとに関しても遅いというのが通例である。

　この点について，日本人の仕事ぶりを揶揄して「日本人はNATOだ」というようなことがいわれる。北大西洋条約機構のことではない。"No Action Talk only（口ばかりで行動しない）"ということである。「検討します」といったきり数ヵ月しても進捗がない，状況の共有もない相手に

対して真面目に仕事の話をしても無駄だと思うのが当然である。日本式のコンセンサス偏重，プロセスありきの意思決定は，海外から見れば異様に映る。欧米やASEAN，同じ東アジアの中国・韓国においても，重要な経営上の議論はトップ自ら議論に参加し，経営としてスピーディに決めるというのが常識だ。非上場のオーナー系企業が多いASEANにおいては，特にこの傾向が顕著である。必ずしもボトムアップが悪いということではない。問題は，日本人が想定される議題の性質に応じて柔軟にプロセスを変更する調整力・段取り力が著しく不足していることである。

　商慣習上の同質性が高い日本国内であれば，そうしたやり方も許容されるかもしれない。しかし，ビジネスというのは相手あってのものである。海外に出てまで，自分たちの流儀を杓子定規に押し通すような国際感覚に乏しい日本企業は，そもそも海外で仕事をする資格がない。少なくとも，海外企業からはまともに相手にされることはないだろう。

ビジネススキルが低い

　日本人のビジネススキルはおしなべて低い。日本企業の新卒一括採用，終身雇用制度を前提とした育成制度は「就職」ではなく「就社」であり，そこでは個人のスキルの涵養よりも，新卒時に就職した会社の中でしか生かせない社内ネットワーキングや政治力，調整力がものをいう。新卒一括採用，終身雇用制といった画一的な雇用形態の中，就職した会社の中で数年おきに部署異動を繰り返し，社内の仕事や事情については"専門家"になるだろう。だが，一歩外に出たときにどのような能力が生かせるのか。

　近年ではこうした風潮にも変化の兆しが見えるが，それでも標準化されたビジネススキルの習得は長らく促進されてこなかった。それは典型的には英語力であり，ロジカルシンキングであり，プレゼンテーション

のスキルだ。いずれも海外で外国人と仕事をするうえで必須のスキルであるが，これをそつなく身につけている日本人のビジネスパーソンはごくわずかであり，もっといえばASEAN現地の中堅・中小企業にさえ見劣りするというのが現実である。これは全く大げさではない。

　筆者が1990年代の前半にワシントン大学で経営管理プログラムを受講し，ヴァンドラという教授の授業に出ていたときのことだ。「日本人は自己紹介をするとき，『ソニーの田中です』『パナソニックの鈴木です』というのよね」と，教授がクラスに出席する唯一の日本人であった私に確認を求めた。「そのとおりだ」と私が答えると，彼女はこう続けた。「アメリカも30年，40年前はそうであった」と。今は，ソフトウェアエンジニア，会計士というように職業を紹介するのが普通であるという。

　よく知られているとおり，今となってはそんな習慣が残るのは日本くらいものだ。言葉というものを通じて日本人の「就社」マインドが透けて見える。いずれにせよ，今後より一層厳しい時代を迎えるにあたり，一人前のビジネスパーソンであろうとするならば，外に出て通用するスキルを磨き，実際に他社から声がかかるような仕事を普段からできていることが大前提である。

主体的意見を持っていない

　日本企業のM&Aや事業開発の支援をしていると，残念ながら，非合理的な意思決定がなされる場面を目にすることが大変多い。常套句は，「役員会でこう決まりました」「本社はこういっています」といった文句である。仕事に自分の意志を持たず，単なるいわれたことを伝えるだけならビジネスパーソンではない。それは単なるメッセンジャーである。

　過去，ある財閥系上場商社の海外事業拡大プロジェクトに関わった。

商社らしく，海外進出の歴史は半世紀以上に及ぶ。ASEANにおいては当時，ある原料を輸入販売することで堅調に売上を伸ばしていたが，その原料の納品先メーカーの利益率が高いということがわかった。そこで，現地メーカーに製造を委託し，当該メーカーと共同で販売および開発・品質管理を目的とした合弁会社を設立することで，現地マーケットの川下に参入する，という意欲的なプロジェクトが始まった。

　プロジェクト責任者は本社の執行役員，実務のリードは本社から出向した現地法人社長が担う。ある特殊な機械を保有しているところであれば製造可能であるため，早速その設備を有している会社をリストアップしたうえで，当社のネットワークを使って20社近くを訪問し，オーナーと直接の面談を重ねた。最終的にある現地企業と，合弁設立に関する覚書を締結した。

　ところが後日，その商社から「本プロジェクトは中止する」と一方的に通告があった。聞くと，役員の一部から反対の声があったという。いわく，「本当にこのビジネスモデルが成立するか，実際に計画するだけの売上が立つのか，改めて調査をしてみたほうがよいのではないか。現地市場に詳しいXX社のYYさんに聞いてみたところ，否定的な見解を述べていた」という。

　この期に及んで何をいうのかと，呆れて物が言えない。将来のことに関する限り，不確実性はつきものである。だからこそ，合弁パートナーと協働で実施したフィージビリティにおいて，プレマーケティングを行い，互いの顧客リストを突き合わせて潜在的な売り先の評価を行い，事業計画の蓋然性を検証したのであり，初期投資額を抑えた合弁スキームにより事業開始とし，撤退基準まで議論したのではないか。何より，現地市場でまさに事業を行い，本件協議にも直々に参加された相手企業のオーナー自身が，自ら資金を拠出すると言っている，その経緯すべてを

蔑ろにする行為である。

　これが上場企業において執行役員の肩書を持つ人間がする仕事の進め方だろうか。相手方と話をまとめる前に社内で良い意味の根回しを行い，論点をつぶしておくべきであり，少なくとも，自分がプロジェクト責任者として判断したならば，相手方に対して合理的な説明ができるような立ち回りをするのがビジネスパーソンというものではないのか。社内で一部の反対意見があがったくらいで怯むのではなく，懸念を解消する材料を集めて提示するなどして，自分の仕事に誇りを持つべきである。

　そして，最後には「私が責任を取ります」の一言が言えるかどうか。これは決して精神論ではない。事業というのは本質的に不確実性をともなうものだからである。常に何かしらの懸念事由はあるし，反対意見も出るだろう。とりわけ，実績に乏しい海外関連となればなおさらだ。筆者が関わり，実際にクロージングまで至ったM&A，あるいは合弁事業の裏側には，常にこうした迫力あるビジネスパーソンの存在があった。

　ウェブ会議の画面越しに延々と筋も理屈も通らない説明をする執行役員にこのような趣旨のことを繰り返し伝えたが，どこまでも糠に釘であった。初めから，まともに議論をする気がないのである。こういうタイプの人間は，役員会の決定事実に従うことが自分の仕事だと思っているのである。私事となるが，かつて同じく日系商社に身を置いた者としては，これが日本の商社パーソンの今の姿か，と見るに堪えなかった。申し開きのためにASEAN側のオーナーを直接に訪問し，本件中止の旨を伝えたところ，ふだんは終始柔和な彼が驚きと失望，怒りを隠さなかった。

　なお，このオーナーは日本の大学に学び，自分で事業を興す以前は日本企業に務め，ご子息も日本の大学に学ばせている，大変な親日家であり知日家である。身内の論理や保身を優先し，こうした方々からの信頼を反故にするような仕事をすることだけは，厳に慎むべきである。

外交作法を守らない

　本節の冒頭，日本人の礼儀正しさに対しては一般に一定の評価がされていると述べたが，これは個々人の振舞いに限った話である。組織として見た場合，日本の会社はむしろ外交的作法を全くといっていいほどわきまえておらず，自社の理屈を盾に筋違いな出方をする傾向にある。表立って不快感を顕にする，あるいは口に出して指摘する外国人はいないものの，実際のところ，これは評判が悪い。また，相手方あっての協議・交渉である。相手方の心証に対しても最善の注意を向けなければならない。相手の気分を害するような段取りは，自社にとっても悪手でしかない。

　世界の経営はトップダウンで決めていくのが常識だ。日本のようにボトムアップに，寄り合い式で決めていくということはない。とりわけ，我々がアドバイザーとして関わるような戦略的協業，M&Aを議題に含むようなビジネスディスカッションにおいて対峙する企業は必ずといってよいほど，オーナー自身，あるいは経営トップ（CEO）と相対することになる。

　逆に，こういった高度に経営的な議論をするときにオーナーまたは経営トップが現れないなら，脈なしと思ったほうがよい。彼らは基本的にトップダウンで意思決定を行うため，即断即決だ。彼らが「やりましょう」と言うときは，実際にすぐ物事が進む。

　ところが，日本企業はこうした面談の場に出てくる担当が部長や課長だったりする。部長や課長が悪いというわけではない。だが，こうした議論の場で相手方と交渉し，M&Aや合弁組成に関し協議を進めていくのであれば，日本側も同等の意思決定ができる職責を持つ役職者を関与させるのが礼節というものだ。オーナー・CEOに対しては最低でも執

行役員レベルの人間で対応するのが，万国共通の外交作法というものである。この期に及んでなお，自社の論理を持ち出す日本企業が多いことは大変嘆かわしい。

　また，こうした協議において早い段階で締結される守秘義務契約（通称，NDA）においても似たような話は事欠かない。NDAとは主として，一定の目的のために双方が開示する情報につき，第三者への共有や目的外利用を禁じる定めを約するものである。このときしばしば見られる例として，特に海外取引経験の少ない日系企業は「まず日本法でやろう」などと言い出したりする。余程の例外的な事情がない限り，原則として相手国，最低でも第三国（ASEANであればシンガポール等）を準拠法・法定管轄（仲裁含む）とするのが常識というものである。その国で事業を行っていく覚悟があるのであれば，守秘義務契約くらいは即座にサインしなければならない。

　安易に妥協せよ，ということでは決してない。交渉の基本は，妥協できないポイントとそうでないところを見極めること，かつ相手の心証に配慮したうえで，戦略的・戦術的に落としどころを探っていくことだ。論点の性質によらず，一律に自社の理屈を押し通そうとすれば相手との信頼関係は生まれず，結果として実のある結果に至ることは望めないであろう。この見極めを状況に応じて機動的に行うことが肝要である。

日本が誇れる戦後の留学制度

　筆者は，タイ王国政府系商業銀行であるバンクタイに2002年から2010年まで務めた。ある日，ピラシン頭取が「これから中央銀行に挨拶に行きましょう」とお声がけされた。タイ国中央銀行の荘厳な総裁室に通され，私は中央銀行のタリサ総裁にお目に

かかったのだが，ここでのやり取りが強く印象に残っている。

　驚いたことに，タリサ総裁は「はじめまして，タリサです」と大変に流暢な日本語で挨拶をされたのである。聞くと，総裁は慶應義塾大学をご卒業されたという。なお，ピラシン頭取は横浜国立大学の出身だ。

　戦後，日本の文部科学省は国費外国人留学生制度を設けて，東南アジア諸国を中心として多数の留学生を受け入れた。これは，東南アジア諸国の人材の育成を支援し，社会的・経済的発展の寄与に協力する目的のもとに実施された。その数は制度創設の1954年から20年弱で，東南アジアを中心に60数ヵ国から合計2,500人に達している。1954年といえば，当時の日本は戦後まもない。まだ貧しかったはずだ。

　歴史を見れば日本が外国に対して行ったことのすべてを手放しで称賛することはできないが，この制度だけは贔屓目なしに見事な国家感である。食うことすらままならない時代において，アジアのリーダーたらんとする心意気を感じさせる。いったい，誰が企画・立案したのであろう。同じ日本人として誇りに思う。

　私は大阪外国語大学（現 大阪大学外国語学部）出身であるが，当時もキャンパスにはアジアからの留学生が数多くいた。ある教授から，「弊学に在籍する留学生とは仲良くしておきなさい。皆，将来は母国のリーダーになる人たちですから」と言われたことを覚えている。日本の地盤沈下が叫ばれて久しい。しかし，今もかつてのピラシン頭取，タリサ総裁のように若くして日本で学び，日本と母国の架け橋たらんという思いを持っている方々がいる。

　総裁室を出る際，タリサ総裁が日本語で冗談めかして言った。「ピラシンさんはやり手ですからねぇ」。非の打ち所がない，完璧な日本語だった。

第**2**章

海外事業成功の鍵はM&A
—現地パートナーとの協業

2-1　なぜ単独進出は失敗するのか

戦略とは何か

　前章では，日本企業の海外事業の失敗類型として，そもそも進出段階において"戦略"がない（とりあえず進出），あるいは"戦略性"がない（時代錯誤の海外進出モデル），というパターンを紹介した。いずれも進出段階に視点を置いたものである。

　一方で，無事に海外進出を果たし，一定の規模に至るまで事業拡大を果たした企業においても，以降の事業展開フェーズにおいては往々にして苦戦する。海外への進出はあくまで，事業化に向けた第一歩に過ぎない。海外事業のステージは大きく，進出フェーズと拡大フェーズに分けることができる。以降本書においては，海外市場への「進出」，進出後の「事業展開」を包摂する概念として，「海外事業開発（あるいは単に事業開発）」という用語を用いることとする。

　本章においては，そもそも企業経営における戦略とは何かということ，そして戦略検討において鍵を握る要素は何かということを解説する。そして，それが海外事業において具体的にどのような論点として現れるのかを述べたうえで，これらの観点から日本企業の単独進出による典型的な失敗事例の分析を行い，海外事業成功の鍵を握るのはM&Aによる現地パートナーとの協業である，という筆者が一貫して提唱している"海外事業，成功の方程式"についてお伝えしたい。

経営戦略と事業戦略

　企業の経営における戦略とは，組織のビジョン・目的の実現のため，持続可能な競争優位性の獲得・維持を目的として行われる経営資源（ヒト，モノ，カネ等）の配分をいう。企業戦略の文脈においてとりわけM&A活用の重要性がいわれるのは，M&Aとは一定の事業目的のために組織化された事業に対する持分の取得（あるいは処分）を通じて，一定の経営資源の「獲得」を行う取引だからある。M&A活用の戦略的意義については，後述する。

　戦略は，特定の企業（または企業グループ）の経営全体を包摂する経営戦略と，このうち個別の事業を対象とする事業戦略に分かれる。両者の考え方は概ね共通し，特段の相違はないが，経営戦略においてはポートフォリオという概念，つまり複数の事業群を全体最適の観点から管理するという視点が加わる。本書のテーマである日本企業の海外事業は，経営全体という視点からは経営戦略の一要素として，同時に局所的に事業戦略の範疇に該当する。

経営資源配分のフレームワーク

　経営資源は，戦略のいわば"インプット"の部分にあたる。それを打ち手の柱および個別具体的な施策に振り分けるための"プロセス"を検討するうえで切り口となる軸を持っておくことは，戦略策定および実行の過程において大いに役立つ。コンサルティングの世界では一般に，こうした戦略的思考の枠組みをフレームワークという。

　海外事業は，主たる本邦市場と比べて経営リソースが限られるが，たとえリソースが比較的潤沢な場合においても，その振り分け方を誤れば失敗する，というのが戦略の持つ重要性である。事業規模や資金力に乏

しいスタートアップが名だたる大手企業を放逐し，市場構造やパワーバランスさえも変えてしまうのが最たる例であろう。優れた戦略は時にリソースの不足をものともしない。逆に，悪い戦略は潤沢なリソースをも宝の持ち腐れにしてしまう。これが経営というものの難しいところである。

　経営資源の配分を決する要素として，本書では「事業立地と構え」「選択と集中」「経営管理」，そして「人的体制」の4つを「経営資源配分のフレームワーク」として用いる。

- 事業立地と構え…市場・顧客の定義
- 選択と集中…競合優位性の最大化
- 経営管理…経営としての計画・実行・測定・改善の仕組化
- 人的体制…上記を実行する人材の配備と組織化

　神戸大学の三品和広教授は『経営戦略を問いなおす』（2006年）の中で，「立地」「構え」「均整」の3つが戦略の核心だと説明されている。本書は概ね当該フレームワークにならってポジショニングの戦略論（立地）をベースに，構えを選択と集中の観点から構成し，そして戦略全体を有機的に機能せしめる均整をもたらす要素として，経営管理と人的体制の両視点を重視するものである。

単独進出した日本企業の失敗事例

　以下に紹介するのは，筆者が銀行員時代，ある日系企業の現地法人の経営再建に携わったときの事例である。当時，この現地法人は売上高1,000億円を超える上場企業の子会社であり，約500名の従業員を抱えて

いた。これほどの規模を有する現地法人は，なかなかあるものではない。しかし，最終的には経営不振に陥り，タイ企業への事業売却という形での幕引きを迎えた。前節で述べた失敗の要因を紐解くと，それはひとえに戦略の失敗，ということに尽きる。しかし，これがタイ企業の傘下に入ることで目覚ましい再建を果たすのである。

　まずは事例を概観したのち，先に述べた「経営資源配分のフレームワーク」に従い，売り手たる日本側から見た失敗要因，買い手たるタイ側からみた経営改善について，分析を行うこととしたい。

事　例 ◆━━━━━━

　　ある日，某日本政府系の支援機関から相談があった。タイ・アユタヤの工業団地にある日系のプラスチック射出成型メーカーが業績不振に陥っているという。6年連続の赤字であり，数ヵ月後には資金が底を尽きるということであった。ことの緊急性を察し，直ちにこの会社の現地法人社長とのアポイントを翌日に実施することとした。

　　こういう待ったなしの状況こそ，まずは現場に足を運び，自分の目で見て確かめるということが欠かせない。

　　応接室で現地法人社長，財務部長の両名と面談した。機械の稼働率が高い時期でも，黒字化できていない。もともと，利益率の低さに悩まされていたところ，ある家電メーカーから中国からの生産拠点の移転を背景に，工場増設の要望を受けて第2工場を建設，機械設備をすべて搬入し終えたところ，プロジェクトの中止を一方的に通知された。これが，現在まで続く経営不振の発端だという。

　　工場を見ると，いかにも日本の名門メーカーらしく5S（整理，整頓，清掃，清潔，しつけ）が徹底されており，約500名のタイ

人従業員は訪問客をみると折り目正しい挨拶をするなど，従業員教育も行き届いている。通訳を買って出てくれたタイ人従業員は，日本の文部科学省給費留学生として国立大学工学部を卒業した秀才である。だが，設備に目を向ければ，稼働していない機械が素人目にも目立った。

　残念ながら，この会社からの融資の相談に応じることは，ほぼ不可能だと悟った。3年連続赤字が続くと，中央銀行からの指導で引当金を積まなくてはならない。引当金を積んでまで6年連続赤字の会社に融資する稟議が通ることはとても期待できない。銀行というものは預金者からお預かりした資金を貸し付けることを業とするものであり，限度を超えたリスクを冒して融資をするというのは許されないからである。

　窮地を脱するにはM&Aしかないと判断し，以前から付き合いのあったタイ上場企業のオーナー某氏に電話をした。「こういう日本の会社があるが，一度見ていただけないでしょうか」と伝えると，取引先を聞かれた。日系大手電機メーカー5社の名前を挙げると，某氏の声のトーンが下がった。この業種に詳しい某氏は，受注元と下請けの関係性，これらの日系メーカーの下請け会社との仕事のやり方をよく知っており，利益率が低い構造であることを見抜いたのだ。

　そこで一計を図った。「良い設備をもっているのですよ。一度，設備だけでも見ていただけませんか」。技術好きの彼ならば，この会社の設備，従業員の教育水準や5Sの徹底ぶりに感心するはずだ，という読みがあった。この読みは的中し，後日工場を訪れた某氏は，特に三次元測定機のところで熱心に質問を繰り返していた。

　面談後，直ちにタイ側から買収価格の提示があり，翌週には日

本側の本社から社長が来タイし，両社トップ同士で買収価格が合意された。

ここで私から，資産譲渡と事業譲渡というスキームを提案した。タイ側が新会社を設立し，そこに新会社に必要な資産と事業のみを譲渡する。すると，現地法人の簿外債務，訴訟等が後に発覚して対処に追われるということがなくなり，法務，財務等に関してフルスコープでデュー・デリジェンス（買収監査）をする手間も省ける。

無事，契約が締結，新聞にもこの案件は取り上げられた。上場企業である日本側に配慮し，戦略的な観点からの事業譲渡という発表がされたが，その裏側にはこのようなドラマがあるのである。

───────────────────────◆

後日談となるが，しばらくして驚くべきことを知らされた。なんと，M&Aがクローズした翌月から黒字を計上しているという。日本人が6年間，膨大な資金をつぎ込み真面目に経営をしてきたにもかかわらず赤字を計上し続けていた会社が，タイ人が経営すると翌月から黒字になったというのだ。

さらに2ヵ月後，タイの某大手銀行の担当者が提示した企業価値は，買収当時の3倍近くとなった。わずか2ヵ月の適切な経営改革により，数億円の価値を生み出したことになる。そんな魔法のようなことがありうるのだろうか。

事業立地（市場・顧客の選択）の視点

プラスチック射出成形という市場は，そもそも利幅が低い。顧客もこの機能を内製化する傾向があるなど，装置産業としての性格が強く，競合他社との差別化要素も少なく，サプライヤー側の価格決定力が弱いことの必然である。こうした市場において生き残るためには，モノ自体で

はなくサービスとしての差別化，あるいは機能面の付加価値追求を目指すことはもちろんだが，まずもって顧客・案件単位での収益性管理が重要である。この日本企業は，こうした基礎・基本が全くできていなかった。

　事例のタイ企業はこのM&A後に，最も大きな赤字をもたらしている現地法人の取引先である日系企業に面談を申し入れた。オーナー直々に客先に乗り込み，以下のようなことを伝えた。

> 「弊社から御社に納品している3つの製品で大きな赤字が出ています。御社も自社で一部，プラスチック成形を内製化しておられるので，収益構造はよくご存知のはずです。我々もビジネスパートナーとして，これだけ不採算の仕事を延々とお受けするわけにはいかない。今すぐにお断りするとご迷惑をおかけするので，半年後に金型をお返しします」

　面談中，購買担当者はずっとこちらを睨んでいたという。

　某氏は，「日本企業がなぜ採算の合わない仕事を続けているのか，その理由がわからない」と言った。本業が赤字であるにもかかわらず，取引先をゴルフ，夕食などで接待している。「なぜ赤字で仕事を請け，そのうえゴルフ接待をし，夕食までご馳走しているのか」と呆れて訊いたところ，日本人社員は「昔からお世話になっているから」と答えたという。

選択と集中（競合優位性の最大化）の視点

　単独で進出すると，自前で人材を採用・教育し，自前で購買をすることになる。そうすると，ことごとく割高になる。

　繰り返し述べてきたことだが，日系企業が単独で現地ネットワークに入り込むことは至難の業であり，これまで日本でも付き合いのあった顧

客に営業をし，日系サークルの域を超えない事業展開を行うしかない。これでは座標を海外に転じただけで，工夫もないままに日本と同じ経営を継続することになる。そうすると，同じような構造にある日系同士，連鎖的にコスト高とならざるを得ない。

　海外事業においては，仮に顧客基盤や技術・ノウハウ面にどれだけ優位性があったとしても，選択と集中を誤った結果，全体として競合優位性を獲得できないということがまま見られる。特に，人材の採用，購買などのコスト面において肝要なのは，現地市場における相場を知り，そのうえで交渉し，落としどころを見つけるということである。これを海外において自前でやろうというのは，著しく難易度が高く，ほとんど無謀といってよい。相場もわからない中，英語または現地語で交渉し，落としどころを探るということを，現地企業と遜色なくできる企業・人材がどれだけあるだろうか。

　こうした観点から見れば，何らかの形で現地企業と組むことが不可欠だが，この日本企業は典型的な自前主義に陥っていたのである。

経営管理（経営としての計画・実行・測定・改善の仕組み）の視点

　事例のタイ企業は日本企業の同意を得たうえで，最終契約書のドラフトを作成している1週間，自社の購買担当やIT担当，経理担当約10名をこの日系現地法人に常駐させていた。徹底的に現地法人の経営状況の分析をするとともに，経費をすべて洗い出していたのである。結果としてコスト管理が甘く無駄が多いことが判明したという。

- 単品管理を徹底して行い，個別の収益性を管理し，必要に応じて改善を行う
- 工場に無駄な配電盤が多いため，不要なものはすべて撤去する

- 従業員約500人のための通勤バスが多すぎるため，出社時間をずらしピストン送迎をすることで通勤バスの台数を削減する
- 不必要に多い従業員数と人件費の見直しを行う

　こうしたコストの見直しを行うことだけで赤字が解消されたというのだから驚きである。裏を返せば，日本企業は自覚なくそれだけの放漫経営をしていたということだ。

人的体制（上記を実行する人材の配備と組織化）の視点

　日本企業は往々にして，責任と権限の所在を曖昧にした経営を行う。コンセンサス型，ボトムアップ型，あるいは日本式経営といえば聞こえがよいが，実質をみれば責任逃れの経営ということではないか，今一度胸に手を当てて考えてみる必要がある。

　事例の日本企業は社長，本社担当役員，あるいは現地法人社長の誰も責任を取らなかった。現地法人社長を交代させる，採算の取れない事業から撤退する，経費節減，顧客の見直しなど，この6年間で取りうる対策はいくらでもあったはずだ。

　一方で，ASEANの有力企業には同族経営が多い。上場企業であっても，資本構成を見てみると議決権の過半数を特定のオーナーまたは一族が保有しているなど，実質的にはファミリービジネスというのはよく見られるところだ。彼らは自分たちの身銭を切り，自らの責任において経営判断を行いながら事業をしているのであるから，コスト意識も当然に強く，利益にならない事業を続けることはない。

　このM&Aは筆者にとって原点の1つである。
　日系企業の単独進出は，失敗する可能性が高いということをまず理解

していただきたい。上記事例はあくまで一例であるが，ここで指摘したような戦略策定および実行の局面で直面する課題は，どの業種・業界においても多かれ少なかれ当てはまる。

　なお，このタイ企業オーナーは叩き上げの経営者である。この日本企業と似た収益構造を持った業界に身を置きながらも一代で財を成すに至ったのは，日々の試行錯誤と経営改善のたゆまぬ積み重ねであろう。例えば，どの製品においても特定顧客向けの売上高を25％以下に留める，というポリシーを聞いたときは感心した。25％を超える依存関係があると価格交渉においてサプライヤー側の立場は弱くなり，不利な条件を飲まざるを得なくなりやすい，というのが理由だという。これはあくまで一例だが，こうした真のノウハウを持つ経営者がASEANにもいる。日本企業にはなかなか見えてこないが，こうした"現地市場のプロ"に学ぶことは実に多い。

経営者の顔つき

　　バンクタイ時代のことだ。日系の大手商社と運送会社の合弁会社に融資を実行した。この合弁会社にはタイの大手工業団地も出資をした。現地法人社長は日本の運送会社から出向された40代のB氏。大学でレスリングをしていたという。大きな体格で，よくみると耳が変形している。

　　バンクタイの融資により，巨大な倉庫が完成し，私もその完成パーティーに頭取とともに出席した。その後，順調に業績も推移し，設立3年後には黒字を計上できる計画だという。

　　設立から3年後の年末，B氏がアポイントなしで突然バンクタイまで来られた。

　　応接室に案内するといきなり「申し訳ございません」とフロアに土下座された。急なことに驚いたが，「どうかされましたか」と

訊くと倉庫で顧客の大きな
商品が盗難にあったという。

タイは数多くの広大な工業団地を有する

「3年連続赤字となりました。申し訳ございません」

「保険で求償できないのですか」と質問すると，「お恥ずかしい話ですが，社内の人間がからんでいたので保険が適用されないのです」と答えた。その社員は逮捕されたという。

担当のヴァイスプレジデントは毅然と「その処理は来年にしてください。今年が赤字だと中央銀行に膨大な書類を提出する必要があります」と伝えた。

だがB氏は，「申し訳ないのですが，本社から今年中に処理せよとの命令です。よって3年目も赤字となります。大変申し訳ございません」と謝り続けた。ヴァイスプレジデントは膨大な仕事量を抱えることになる。突然，機嫌が悪くなり，そっぽを向いてしまった。

しかし翌年，同社はB氏の奮闘もあり見事黒字を達成した。

B氏が報告に来られた。「ご迷惑をおかけしましたが，黒字になりました」と満面の笑顔であった。私は言った。「Bさん，3年前に赴任されたときから顔つきが変わりましたね。経営者の顔になっています。苦労されたでしょうが，人間として成長したんですよ。ときどきそういう人がいます。日本に戻ったら転職をお勧めします。日本には経営できる人材が少ないのです」。

私は数々の現地法人社長に会ってきて，B氏のように顔つきが変わる人を何人も見てきた。しかし，非常に残念なことに数年経って日本本社へ戻ると，また従業員の顔つきに戻ってしまうのである。日本は海外で経験を積んだ人間をもっともっと活用すべである。NY駐在時代によく一緒に食事をしていた石油会社駐在員が東京に戻って言った言葉がある。「日本の会社って小さな神輿を皆で担いでいるのですよ」。当時の倉庫は幹線道路からもよく見える。その倉庫を見るたびにB氏のことを思い出す。

2-2　M&Aを活用した成長戦略

経営資源から見た論点

　ここからは，いよいよ本書の主たるテーマであるM&Aを活用した経営戦略の実践について論じる。

　前提として，改めてこれまで述べてきた要旨を踏まえ，日本企業の海外事業開発（進出および事業展開）に関して，筆者の提言する見解の骨子として整理すると以下のようになる。

- 海外においては，本邦市場に比べて経営資源は限定的とならざるを得ない
- この点，「選択と集中」を論じる以前に，経営資源が著しく限られている場合においては，そもそもまともに競争力ある事業を行うことができない
- また，経済のグローバル化や新興国台頭等により，日本企業の競争優位は相対的に低下している
- そのような状況下で，既存の経営資源ありきでの海外戦略を試みれば，必然的に失敗に終わることになる
- ゆえに，現地企業との協業によってパートナー企業の有する経営資源を活用することで，自社の強みを活かした事業開発を行うことが，海外事業の成功のために必要不可欠である

　では，現地パートナー企業との協業としては，具体的にどういったあり方があるのか。これが本節のテーマである。

企業における成長戦略の類型

　企業における成長戦略のパターンは，大きくオーガニック型とイン・オーガニック型に分かれる。

- オーガニック型
  - ……企業<u>内部</u>の経営資源活用による成長戦略
- イン・オーガニック型
  - ……企業<u>外部</u>の経営資源活用による成長戦略

　戦略とは，「組織のビジョン・目的の実現のため，持続可能な競争優位性の獲得・維持を目的として行われる経営資源（ヒト，モノ，カネ等）の配分をいう」とすでに述べた。

　この定義に従い，成長戦略を「既存の経営資源」をベースに考えれば，前者（オーガニック型）の成長戦略は研究開発やマーケティング，オペ

■図表2-1　経営ビジョンと成長戦略■

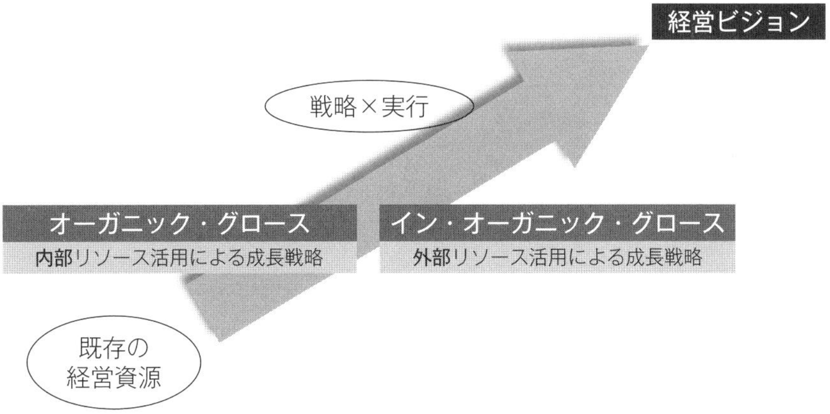

経営ビジョン

戦略×実行

オーガニック・グロース
内部リソース活用による成長戦略

イン・オーガニック・グロース
外部リソース活用による成長戦略

既存の
経営資源

レーション改善，人材育成等によって経営資源を強化し，もって経営ビジョンの達成を目指すものであり，後者（イン・オーガニック型）とは一定の協業施策（M&Aほか，後述）によってこれを達成しようというものと整理できる。これらは二律背反ではなく，企業は常に，この両者を各領域において複眼的に検討するべきである。

　これまで何度も述べてきたことになるが，そもそも既存の経営資源が不足する海外事業に関して，もっぱらオーガニック成長を図ることは限界がある。したがって，とりわけ海外事業に関してはイン・オーガニック成長の重要性が高い。一言でいうならば，海外では，現地パートナーとの協業によって互いの強みを生かした事業開発を行うべきだということ，これこそが筆者が常々申し上げている "成功の方程式" である。

協業の類型

　イン・オーガニック型の成長戦略の具体的手法となる協業施策は，3つに分類することができる。

- M&A…事業に対する支配権（持分）の全部または一部の移転をともなう取引
- 合弁（ジョイント・ベンチャー）…M&Aに該当しない協業のうち，新会社設立による資本関係の発生をともなう取引
- 業務提携…上記いずれにも該当しないものであり，かつ特定業務に関する契約上の協力関係

　M&Aまたは合弁による資本提携のメリットは，資本関係を通じて「投資の最大化」という共通の利害関係を形成するという枠組みにより，

"同じ船に乗る"ことができるという点にある。それにより，経営の意思決定および執行の迅速化に期待することができる。資本移動をともなわない業務提携に拠っていては，どうしても互いに有限な自社経営資源を自社利益最大化に向けて振り分けるインセンティブを優先する構造を変えることができない。これは，営利企業の経営が株主の利益最大化を志向して運営されるという本質的仕組みに根ざしているものだ。事業とは，痛いと思う金を出し，惜しいと思う人材を送り出し，相互に喧々諤々の議論を通じてはじめてまともに動き出すものである。

　完全買収か既存株主が残存するか，持株比率がマジョリティ（過半数）かマイノリティ（過半数未満）か，比率をどう設計するか，は船というたとえを続けて用いるならば，同じ船に乗ることを前提にしたうえ

■図表2-2　イン・オーガニック・グロース（外務リソース活用による成長）の分類■

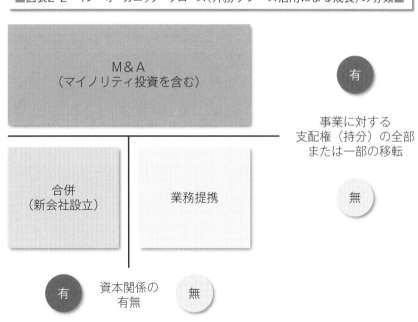

で船頭を誰にするか，今後の航海において得られる経済的利益の帰属を
いかに設計するか，という点で大変重要な論点である。詳しくは，第5
章「案件組成」で解説する。

　また，M&A・合弁を問わず，事業の主体となる法人が明示的であること
から，責任と意思決定プロセスの所在，会計報告を通じた財務的リターン，
知財等，各種権利義務関係の帰属を明確にすることができる効果がある。

　事業に対する支配権は，会社に対する支配権（持分）を表象する権利
である株式，または事業自体を対象とする取引（売買契約）または法定
の組織再編規定の枠内で締結される合併契約等により移転する。この点，
M&Aと合弁を分けるのは，事業に対する「支配権（持分）」の（全部
または一部の）移転をともなうか否かという実質的基準であることに留
意されたい。つまり，法的形式または契約形式を問わない。形式的に見
れば新会社設立という法的形態をとっていても，事実上は相手方企業の
事業に対する支配権移転をともなっている，すなわち実質的にみれば
M&Aである，というケースがある。

　とりわけ簿外債務のリスクやコンプライアンス上の懸念等がある企業
（または事業）に関わるM&Aにおいては，一切の権利義務関係を承継
する株式取得ではなく事業取得が活用される余地があり，また既存の事
業オーナーが一定の資本参画を継続する場合など，買い手自身と法的人
格を分離しておく合理性がある場合，新会社設立および事業移転という
スキームが活用されることがある。

経営資源を構成する要素

　上で述べたとおり，協業類型は大きく3つに分かれ，事業に対する支
配権（持分）の全部または一部の移転をともなうものはM&A，そうで

ない提携のうち資本関係をともなうものを合弁，資本関係をともなわないものを業務提携というが，ここでいう「事業」とは一定の営業目的のため組織化され，有機的一体として機能する財産（経営資源）を指している。経営資源には広く，事業に構成する多様な要素が包摂されるが，ここでは「経営資源を構成する 5 つの要素」の枠組みを提示したい。

1．資金
2．有形資産（製造設備，物流施設等）
3．無形資産（知財・ライセンス，技術開発力，ノウハウ等）
4．人材
5．販路

　海外事業の常として経営資源の不足に悩まされると述べたが，こう改めて整理してみるとおわかりいただけるのではないだろうか。多くの日本企業の海外事業において，優位性を持ちうる領域というのは企業全体の規模等からもたらされる「資金力」，あるいは「無形資産」においては技術，開発力等を含む事業ノウハウ，「販路」においては日系企業顧客の開拓・折衝力などに限定される。

　一方で，「有形資産」においては初期投資が重い一方で，本邦市場に比して出口戦略をあらかじめ確保することが難しく，また好条件の事業用不動産が入手しづらいことなどにより，十分な集積を有していないケースが多い。また，「無形資産」については現地経営ノウハウや人脈が決定的に不足しており，同時に技術面で優位性があれども，現地市場に関するノウハウはない。そうすると，プロダクト・アウトの落とし穴に陥る。

　「販路」においてもローカル企業の開拓はもちろん，ASEAN現地に

54

数多く進出するマルチナショナル企業の開拓においても現地企業の後手に回るのが常である。

　なかでも，とりわけ不足するのが「人材」である。採用から育成，その後の雇用継続までを日本と同水準に行うことは至難の業だ。まず新卒一括採用という仕組みが存在しない。また，日本企業が長らく業績伸び悩みに苦しんでいた間に，現地企業は成長し，待遇面でも全く遜色ない水準にある。ブランド力についても同様だ。むしろ，現地の人材から見れば"外資系"であって組織の文化も自国企業と大きく異なり，しかも英語もあまり通じないという日系企業に働こうという人材はほとんどいない。まだ経済力のギャップがあったような数十年前と比較すれば，著しく減少している。

　また，採用に至った人材もなかなか定着しない。日本と異なり海外には伝統的に終身雇用制は根づいておらず，人材の流動性も高いからだ。キャリアアップのための転職というものが，ごく当たり前のこととして

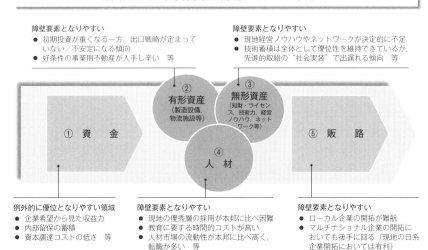

■図表2-3　経営資源を構成する5つの要素■

捉えられているのが海外である。そのような状況で，現地の優秀な人材を採用し，自社式の教育を施し，しかも雇用を継続することはほぼ不可能といってよいだろう。

経営資源の獲得という観点から見た各協業類型

　改めて，経営資源の配分を企業戦略の考察の中心に置いてこれらの協業類型の相違をみる場合，M&Aという取引によって企業（買い手）は相手方の事業に対する支配権の取得を通じ，経営資源を獲得することができる。一方，合弁または業務提携によって相手方事業に対する「（直接的な）支配」は生じない。これらの関係によって獲得されるのは原則として，相手方が限定的に拠出・提供することを約した経営資源に対する，合弁会社または契約を通じた「（間接的な）便益の享受」に留まる。この場合において，自社が享受する便益が排他的なものかは，契約内容によって定まる。一方，M&Aの場合においては取得する持分の比率に応じて，（別段の契約の定めなく）全部または部分的な支配権を取得することになる。

　一般にどの協業類型が望ましいとはいえず個別の事業戦略によって異なるが，通常，特にスピード感をもって海外事業を推進していく場合においては，M&Aを活用した協業形態を選択することが望ましい。というのは，協業によって獲得を目指す経営資源に対する直接の支配権と排他的な便益の享受は，欠かすことができないからである。

　一方で，現地では，新規性が高い製品の販路開拓や将来的な事業化を目的にした共同研究開発など，協業を通じて獲得しようとする経営資源が限定的であり，かつ戦略領域と位置づける製品・サービスの新規性の高いものであれば，合弁を選択することも有効な一手である。

　筆者は，一般に業務提携を推奨していない。先に述べたとおり，どうしても互いに有限な自社経営資源を自社利益最大化に向けて振り分けるインセンティブを優先することになり，"紙に終わる提携"となりがちだからだ。そもそも自分が惜しいと思うような資金，人材を拠出するというお互いの経営的コミットメントもなしにうまくいくほど，事業というのは甘くないのである。

2-3　M&Aの目的の類型

5つの類型と取引別の多様性

　ハーバード大学の Joseph L. Bower 教授は，ハーバード・ビジネス・レビューに寄稿した論文，"Not All M&As Are Alike—and That Matters（2001）"において，1997年から1999年の期間を対象とするアメリカにおける500百万USドル（500億円相当）以上のM&A案件1,000件を分析したうえで，M&Aには5つの類型があると指摘している。

　すなわち，①過剰供給能力を解消するもの，②地域的な拡大や小規模企業の統合を実現するもの，③製品または市場を拡大するもの，④R&Dを加速するもの，そして⑤産業の集約を行うものである。ここで当該論文の表題にあるとおり，M&Aの目的は必ずしも上記いずれか1つに収束するものではなく，複合的である。

　ここで，①②⑤の過剰供給能力の解消や集約または地理的拡大は，市場占有度の変動や規模の経済といった古典的な経済性をもたらすものであり，イノベーションと無関係に成立しうる市場ポジションの変化にかかるものである一方，③④の製品や市場の拡大ないしR&Dの加速は，M&Aによりケイパビリティを拡張し，新たなイノベーションを創造していく類型に相当し，イノベーションを加速しうるM&Aであると区分することができるだろう。

「イノベーション」としてのM&A

　M&Aの戦略的利点を，一般にいわれる「時間を買う」と捉えるとそ

の本質を見失う。Bowerの類型でいえば，この類型に純粋に合致するのは②のみである。むしろその本質は，協業（＝経営資源の相互補完）によるシナジー創出を通じた「新たな事業価値の創造・変革」という側面を理解すべきである。これはいうなれば，企業活動におけるイノベーションとしてM&Aを定義するものだ。

とりわけ，海外M&Aにおいてはこの点を強調して理解すべきである。理由は以下の２点である。

１つ目は，既存の商材／サービスの地理的展開をベースとした「プロダクト・アウト」型の海外進出から，現地市場を起点とした「マーケット・イン」型の商品・サービス開発への抜本的転換を行う必要性が高まっている。そのためには，R&D機能を含む広義のマーケティング機能の現地化の取組と，機動的・迅速な経営上の意思決定を可能にするガバナンス体制の構築が求められる。ゆえに，現地パートナーとの協業（M&A等）による外部の経営資源の取込が必要不可欠である。

２つ目は，旧来型の「タイムマシン型」の海外事業ではなく，「リバース・イノベーション」の視点を併せ持つべき時代が到来しているということである。日本はその岩盤規制ゆえ，先進的分野の社会実装・産業化に出遅れる傾向が強い。電気自動車，シェアリング・エコノミー，KOLマーケティング，遠隔医療，ドローン，EdTech，クリーンエネルギーなど，近年の投資テーマとして世界的に注目されているが，一方で日本は"新興国"たる中国，インド，ASEANなどにも大幅に出遅れた。

日本が出遅れているのは，上で述べたような新規性の高い領域に留まらない。顧客の品質要求度の高さ，"ガラパゴス化"した特異性ゆえ，プロトタイプ段階での市場投入によるPDCAを実行しづらいことは，日本が伝統的に長けてきた製造業でも大きな足かせとなっている。日本企業は品質，すなわち無事故という捉え方をするが，グローバルでは一定

の事故発生を確率論的・計数的に管理し，契約上も一定の事故率を前提とする，といった契約文化的な相違も見られるところだ。国内と国外，いずれがイノベーションを試みる土壌として適した市場であるかは明らかであろう。

　今や，現地市場に，現地パートナーに学んだ知見を本邦／周辺国市場に還流する（リバース・イノベーション）という視点を併せ持つべきである。そのためにM&Aが唯一の手段であることはいうまでもない。

有名でも組んではいけない企業グループ

　某県産業振興センターでセミナーの講師をしたときのことだ。センターの方から「セミナー後に大手運送会社で相談希望の方がいるのですが，よろしいでしょうか」と尋ねられた。快諾すると，バンコク駐在員を含む3名の方が来られた。

　「タイ企業との合弁会社設立を考えているのですが，うちのタイ人の役員がそことはやめたほうがいいと言うのです」とその方たちは言った。

　「わかりました。会社の名前は言わなくていいです。業種と社名のイニシャルだけ教えてください」

　「XXの業種のイニシャルYです」

　「やめておいたほうがいいです」

　と即座に申し上げた。相手は金払いの悪さに加え，交渉相手に対して無理難題を押し付ける強気な姿勢をとることで悪名高い企業グループだ。ホテルに戻ると，長文のメールが届いていた。今後とも相談にのってほしいという。

　偶然にも数ヵ月後，この運送会社の役員陣と東京本社で会う機会に恵まれた。ある証券会社新春投資セミナーに呼ばれた際，数社企業訪問をしてほしいといわれた1社が同社だった。

　大きな会議室にぎっしり役員陣がそろっている。開口一番，副

社長が「今日は社長が諸用で出かけています。単刀直入に申し上げますと，弊社はＹ社と合弁会社を設立しようしていますが，どう思いますか」と直球を投げてきた。私はにんまり笑った。

「私がやめたほうがいいと言ったとしますね。あなた方はＹ社にKCPの楠本がやめておけといったと言うのですか」

「もちろんそんなことは申しません」

「本件のような場合，国際的なルールがあります。まず守秘義務契約を結んでいただきます。そのうえでオピニオンレターというのを買うのです。オピニオンレターには当該社の経歴，関連会社すべての財務諸表，オーナー一族の経歴等さまざまな情報が記載されています。加えて1997年のアジア通貨危機の際に多くの企業が破綻しています。おそらくＹ社も銀行との間で訴訟があるはずです。すべての訴訟の内容，勝訴，敗訴，係争中を調べることです。最後に，一番大切なのはレピュテーションチェックです。この案件は御社タイ法人の役員が反対しているのであれば，何かしらの理由があるはずですよね。オピニオンレターについては弊社でお見積りします」

と言うと沈黙した。その後，連絡はなかった。

3年後，この会社はタイでもっとも官僚的だといわれる会社と合弁会社を設立した。この会社の海外事業展開はおそまつの一言。パートナー候補が適切ではない相手とわかってから，3年間，いったい何をしていたのか。タイで何をしたいのか，合弁先に何を求めているのか。案の定，合弁会社の業績は低迷し続けている。

第**3**章

M&Aプロセスの
全体像から見た戦略

3-1　M&Aプロセスの全体像

　クロスボーダーM&Aのプロセスは，「戦略立案」「案件組成」「取引
執行」「PMI（経営統合）」の４段階によって構成される。本章では全体
における各フェーズにおけるポイントを，M&Aの戦略的活用という観
点から概観する。そのうえで，実務的に取り組むべき具体的手続きや，
財務・取引面から見た留意点等について第Ⅱ部で詳述することとする。

■図表3-1　M&Aプロセス■

プロセス①：戦略立案

　M&Aは，企業戦略を実行するうえでの「手段」である。したがって，
M&Aを検討する前に「目的」である戦略を立案するということが欠か
せない。経営理念といった経営の最上段に掲げられるビジョン，それを
具体の取組に関する経営方針として具体化したものが経営戦略であり，
それらを個別の事業領域に展開したものが事業戦略である。本書がテー
マとする海外戦略の立案に関わる場合においても，これらとの一体的な
連関を常に念頭に置いておく必要がある。

　ここで，経営としての本来のあるべき姿は，組織的にビジョン，戦略
が明確に共有・浸透していることである。ただし，これはあくまでべき
論であって，現実的には上場企業であってもビジョン，戦略が明確でな

64

い，したがって具体の取組の方向性が共有・認識されていないというのが現実である。とりわけ，日本本社を中心に見れば「傍流」として扱われる傾向にある海外事業について，明確な戦略を持っている企業となると，これは非常に稀であるといってよい。また，戦略と一口にいっても，そこで議論されている物事の粒度は一様ではない。

海外M&Aを検討する場合，多く日本企業のM&A部門，海外事業部門は投資銀行やM&Aアドバイザー等から持込まれた"売り案件"を個別に検討する，という受動的な姿勢が大半を占めている。担当者としても，「とりあえず」海外M&Aに関する情報を収集し検討しろ，と言われているのだろう。戦略がクリアでないために主体的に仕掛けることができていないのである。

海外M&Aに関わる担当者に求められるのは，単に投資の収益性といった財務・取引面のテクニカルな論点を議論することに尽きるのではない。経営として明確な海外戦略を持っていないために合意形成がなされず，結果として千載一遇の縁を逃すということでは，誇りある職業人としては浮かばれないだろう。あなたが社長あるいは担当役員ならば，自社構成員が戦略的な視点から検討・評価が行えるよう，常日頃から明確な方針を示し，あるいは迅速かつ機動的な協議を促進できるよう会議体を設計しておく必要がある。また，個別案件に対して適宜，経営という立場から的確な舵取りを行うべきだ。そうでなければ，現場が無用に萎縮し，あるいは忖度することになる。もしあなたが（決定権限を有さない）一担当者であり，かつ自社の海外戦略が十分に明確化されていないのであれば，そのときは自らが自社のビジョン，大方針に沿った戦略的視点に立って，当該案件に関する検討・評価を試みて，役員や関係者を巻き込んだうえで合意形成を取りまとめる，という主体的な姿勢が必要不可欠である。

　加えて，戦略立案というものを固定的なものではなく，あくまで動的なものとして捉えることが必要だ。筆者はこれを仮説思考的なアプローチと呼んでいる。こちらについては後述する。

　なお，海外戦略におけるM&Aの活用の必要性については，これまで述べてきたとおりである。要するに，ここでは「目的」である戦略を検討する場合，「手段」であるM&A（案件，パートナー候補）は必要条件という関係にあるといえる。残念ながら，自社の戦略上，理想とする要件に照らしてすべてにおいて完璧なM&A案件やパートナー候補というのはまず存在しない。理想的なべき論と現実の間には，常に差分の余地があるものである。完璧な結婚相手というのが，単なる概念であるのと同じことである。概念を追い求めていては，いつまでも縁に恵まれることはない。

　したがって，M&A検討の局面においては，常に「手段」と「目的」を双方向的に絶えず往復することが重要となる。すなわち，一定の必須要件を満たしていることを前提としつつも，個別具体的な案件，パートナー候補との協業によって獲得しうる経営資源を明らかにし，そのうえで経営ビジョンの実現に至るための戦略・実行としてどういった手を取りうるか，ということを創造的に考える必要がある。でなければ，いつまでも延々と検討を続けるに留まるだろう。

プロセス②：案件組成（オリジネーション）

　M&Aはじめ，協業とは常に相手あってのものである。相手のいない協業プランは，絵に描いた餅でしかない。よって，仮説ベースで戦略立案を行った後，速やかに案件組成に向けて動き出すというのが戦略的なM&Aの実践においてまず行うべきことだ。人間が頭で考えて生まれる

アイデアなどたかが知れている。これが，戦略というものの実際を捉えるうえで必要なことである。

　日本を代表するような大手企業も，その創業の元をたどるとほぼ例外なく，個人が徒手空拳で始めたベンチャー企業ではないか。それが，会社の規模が拡大し，収益が安定するに従って保守的になり，新しいことに挑戦することを避けるようになる。規則が増え，形式主義的な文化が組織に蔓延する。学生からの人気も高まり，受験勉強を勝ち抜いた優秀な人材をトップ大学群から採用できるようになるが，一方で経営には正解はない。

　極端な話，会議や資料作成に延々とコストと時間を費消するくらいならば，むしろ事業を小さく始めてできるだけ早く失敗するほうがましである。当然，前提としてリスクを最小化するスキームを選ぶことは欠かせない。そして，組織的な学習の過程で，状況に応じて速やかに軌道修正を行っていくほうがよほど，"戦略的"であろう。

　また，戦略の要諦が「経営資源の配分」である以上，それはまさに今検討しているM&Aによって獲得しようとしている経営資源そのものによって，変化しうるものでもあるということを忘れてはならない。そういう意味で，M&Aを検討する場合，「走りながら考える」というのは極めて実践的なアプローチなのである。

　M&Aの案件組成においては，現地企業のオーナー・経営者にアプローチするということが欠かせない。こうした高度に経営的な意思決定は，相互のビジネスオーナー・トップマネジメント同士での戦略，財務等の幅広い経営上の論点に関する議論なしに実現することはありえない。したがって，とりわけ（国内と異なり自前のネットワークに乏しい）海外においてM&Aの案件組成を目指すとき，各国においてオーナー・経営者に直接アプローチできるネットワークを有し，現地流の交渉の作法，

案件化のノウハウ，実務上の留意点等に至る幅広い知見と実績を有する
ファイナンシャル・アドバイザーの起用が鍵を握る。

　具体的なパートナー候補企業と，両者の協業についての基本合意に
至った状態，というのがこのフェーズにおけるゴールである。詳しくは
第Ⅱ部で解説するが，ここで最低限合意されるべき事項は，協業スキー
ム（出資比率），取引価格，そして今後の検討に関する時間軸である。

プロセス③：取引執行（エグゼキューション）

　協業の大網が定まり基本合意に至れば，後は取引の執行（エグゼ
キューション）へと進むことになる。

　具体的には，弁護上，会計士，あるいはビジネスコンサルタント等の
専門家に対象企業のデュー・デリジェンスを委託し，対象企業の経営，
財務，株式等，M&A実行にあたっての懸念事項を徹底的に洗い出す。
そして，M&Aを実行すべきかという戦略面の判断，そして実行する場
合はいかなる価格，条件によって契約すべきか，取引面の判断を行った
うえで，最終契約書の締結を行い，取引をクロージングすることがこの
フェーズにおけるゴールである。

プロセス④：経営統合（PMI）

　日本企業のクロスボーダーM&Aは，失敗の歴史といっても過言では
ない。今なお，買収後の減損の事例は事欠かない。減損というのは要す
るに，M&A当初に見込んだ収益の見通しが悪化したことを理由として，
投資対象としての評価を会計的に切り下げるということである。

　減損の理由は3つに大別される。1つはそもそも買うべきではない案

件を買った，組むべきではない相手と組んだ，という戦略上の失敗。2
つ目は取引価格，条件面の交渉において誤ったという取引上の失敗。そ
して最後はM&A取引後の経営統合（Post-Merger-Integration：PMI）
の失敗である。

　取引のクロージングをもってM&A取引自体は完了となるが，経営と
いう観点から本当に大事なのはその後のPMIである。M&A実行時に描
いた戦略やシナジーを現実のものとできるかはPMIにかかっている。

3-2　M&A案件の投資性評価

M&Aにおけるシナジー

　M&Aの検討においては，協業によるシナジーを評価することが欠かせない。

　シナジーとは，協業によって創出される追加的な経済的価値のことを指している。財務的には，大きく売上高の拡大をもたらす「売上シナジー」，コストの低減をもたらす「コストシナジー」に分かれる。

〈売上シナジー〉
- 販売チャネル共有
- 商品・サービスのクロスセル・アップセル
- ブランド効果　等

〈コストシナジー〉
- 営業拠点・生産拠点の統廃合
- 規模拡大による価格交渉力の強化
- 間接部門費（重複部分）の削減
- 技術・ノウハウの複合
- 資本調達コストの削減　等

　売上・コストに関するシナジーを検討する際は，第2章で述べた「経営資源を構成する5つの要素」，すなわち資金，有形資産（製造設備，物流施設等），無形資産（知財・ライセンス，技術開発力，ノウハウ等），人材，販路をそれぞれ分析の軸として活用することを推奨する。

各プロセスでの戦略適合性の検討・評価

　シナジーを評価するうえで欠かすことができないのが，情報の取得である。ここには過去あるいは将来の財務的アウトプットに直接的に反映される財務的な情報が主たるものさしとなるが，同時にそれらの前提となる市場環境のトレンド，競合他社の動向，そしてパートナー企業のオーナー・経営者の素養，組織文化といった定性面の情報も投資検討においては欠かすことができない。

　M&Aの各フェーズにおける交渉過程でいかに情報を収集するか，というのは実務上，特に戦術的な配慮を要する。NDA（秘密保持契約）を締結したからといって，売り主側として情報を開示する義務があるわけではないことに留意されたい。つまり，そのプロセスの進展段階に応じて最もクリティカルな論点を優先的に確認し，その他については質問の態様と時機を慎重に選びながら，最終的な投資判断，その前提としての戦略適合性の検討・評価に必要な情報のピースを組み合わせていく，という作業が必要となる。拙速に，のっけから延々と質問攻めにしていてはとても友好的に協力を得ることはできない。相手の顔色をみながら，徐々に間合いを詰めていくことが肝要である。

　有能なアドバイザーはこういった論点の仕切りができる。一方，残念なアドバイザーはいわばメッセンジャーのように，クライアントから聞かれたことを右から左に対応するが，それは最終的にクライアントのためにはならない。こうした局面でいかにリードするか，というのはアドバイザーとしての腕の見せどころの1つである。

　M&Aの交渉というのは，どれだけ短くても通常2ヵ月，通常であれば半年，長期戦となると1年に及ぶことさえある。その中で，個々別の局面でいかに配慮あるコミュニケーションを行うか，というのは取引全

体から見たときに非常に重要なポイントだ。作業量，時間軸などさまざまな点で相手に負担となるような依頼をしなければならない局面もあるし，自社として妥協できない条件を押し通さなければならない局面もある。そのときに鍵となるのが，交渉の構造上生じる一定の利害対立を前提としつつも，両者の間に敬意と信頼関係が存在するか否かいうことだ。

　海外のエグゼクティブ，まともなビジネスパーソンは，"What's in it for me?（自分に何のメリットがあるのか）"という問を交渉時に常に持っている。また，相手に対して示すことも怠らない。「日本人は会議の仕方を知らない」と評されることがあるが，これは日本人のビジネスパーソンの教養に，この規律がしばしば欠落しているからだ。だから，相手からすると，自分の言いたいことを言い，聞きたいことを聞いている幼稚な大人に見える。いうまでもないが，投資を検討している自分たちのほうが立場は上である，というような無作法な振舞いはご法度である。行動経済学の研究結果を見ればわかることだが，人間というのは経済的合理性の生き物ではない。情の理，すなわち情理を理解するということ，文化的な相違や相対者の人物像を踏まえたうえで配慮あるコミュニケーションを行うというのは，こと海外でM&Aに関わるうえで，まずもって欠くべからず姿勢である。

国際社会では日本の社会構造は通用しない

　　クロスボーダーM&Aの過程においては，日本の悪い点が浮き彫りになるように感じる。未熟な英語力，意思決定の遅さ，いざというときに勝負を仕掛けられない決定力のなさ，リスクばかり指摘する体質，上から目線の物言い…。
　　とある上場企業の合弁組成を支援した際に，成果報酬が振り込

まれる前日に社長から電話があり「合弁会社が1年でつぶれたら半額返していただけますか」と聞かれた。私はこう答えた。「1年では合弁はつぶれません。つぶれるのは3～5年経ってからです。つぶれる合弁の90％以上は日本側に原因があります」。私が見てきた限り，適切でない人材を送り込み，役員会で意思決定ができず，上から目線で問題ばかり指摘するというような対応に対して，不満が積もりに積もって数年で解消するというのがよくあるパターンであった。

実際にこういう事例もあった。

とある有名サービス業のタイ企業買収のアドバイザリーを務めたときだった。タイ企業オーナーは事業売却の必要に迫られているという状況ではないが，長期的な事業承継の観点から良いパートナーであれば一度会って話をしてみてもいい，という。さっそく大手企業バンコク駐在員に打診すると願ってもない話だと喜んでくれた。東京から一流大学を卒業した日系企業担当者が数名で来タイした。

面談でいきなり日系企業の担当者がタイ企業オーナーに向かって「なぜ会社を売ろうと思っているのですか」とぶしつけに聞いてきた。私はすかさず，「すぐに売ろうと決めているわけではない。将来的にいい話があれば検討しようという段階です」と反論した。

しかし，その担当者は同日「あなたの会社の企業価値は6億円です」と宣告してきた。現地企業のオーナーはタイの東京大学といわれる名門のチュラロンコン大学を主席卒業。英国留学の経験もある紳士だ。優秀な従業員を採用，育成し，その業界でタイ有数の企業になるまで成功していた。つとめて冷静に「Would you tell me the rational reason behind the figure?（6億円と仰る合理的な理由を教えていただけますか）」と返答していたが，あまりにも失礼な態度であった。

なぜ日系企業は偉そうな態度をとる人が多いのか。これは日本の社会構造をそのまま現地に持ち込んでいるからではないだろうか。来タイしたメンバーは日本で最も偏差値の高い大学を卒業後，

その分野では日本で最も有名な企業に入っている。

　だが，それがどうしたというのだろうか。海外で日本の大学の評価は高くない。海外に出れば，どのような英語をどのように話し，どう対応するかで人間が判断される。そこには語学力も，教養も，ユーモアも，決断力も，人柄も問われる。

　一歩外に出たら，あなたの会社でもなければあなたの国でもない。自社の成長機会を求めて外国でビジネスをさせていただくのである。国際社会の場にひとたび出たら，これまで日本社会で通じていた手法，考え方は通用しないということを肝に銘じるべきであろう。

　ASEANの要人と対等に交渉できる能力がある魅力的な日本人を急いで量産しなければならない。

3-3　戦略立案に関する注意点

戦略立案の作法

　戦略を立てる際にまず必要なのは，早期に事業に関する“仮説”を持つことである。

　仮説は「仮の答え」という意味である。まず仮説を定立したうえでデータを集め，検証を行うことで仮説の強度を高めていく，あるいは検証結果に応じて機動的に仮説の修正を行うというのが，問題解決のプロセスである。これは一般に「仮説思考」といわれる。

　仮説思考が有用であるのは，仮の答えを措定することで検証，調査の対象が明確になるからである。いたずらな調査による事実の積み上げではなく，仮の結論から逆算した検証を行うことで，より実践的な問題解決が可能になる。これと真逆の悪いパターンは，延々と調査を行った挙げ句，主たる論点に対する解が見えぬまま時間だけが過ぎているという例である。有限の時間を前提とする経営において，こうした戦略立案のあり方は，全くもって“戦略的”ではない。

　仮説思考は，海外事業の戦略立案，M&Aの戦略的活用の検討の場面においても同様に有効である。具体的には，前章で述べた，経営資源配分のフレームワークに基づき「事業立地と構え」「選択と集中」「経営管理」，そして「人的体制」について検討することを推奨する。

　ここで強調しておきたいのは，仮説とは定義どおり，あくまで仮の答えであるということであり，ゆえに（繰り返しになるが）状況に応じ，活動過程で動的に修正を行う前提であるということである。

仮説思考の罠

　仮説思考が有効に成立するためには，隠れた前提が2つある。それは市場に対する一定の理解（土地勘）があるということと，仮説の蓋然性を確認するに足りる事実（ファクト）が相応にそろっているということだ。

　前者は初期仮説の筋の良さ，つまりは初動を決する見立ての質を担保するものだ。裏を返せば，そもそも一定の市場理解がない段階での仮説は，単なるヤマカンの域を出ない。

　後者は，事実による検証を通じて仮説の蓋然性を高め，より確からしい答えに至る，という仮説思考のプロセスの必然である。とりわけ，検証に必要となるデータがほぼ取得できないような状況においては，市場規模しかり顧客ニーズしかり，仮定に仮定を重ねるような推論しか手立てはなくなる。

　そして実はこれが，こと海外戦略において日本企業あるいはリサーチ会社，コンサルティング会社が袋小路にはまる理由である。これが，仮説思考の罠である。

　海外市場については，そもそも日本企業側に一次情報の蓄積が決定的に不足している。国内であれば主要企業や顧客属性，サプライヤー等のプレーヤーなら名前を容易に諳んじられるし，各企業の経営者や主要なメンバーについて顔も浮かんでくるだろう。主たる法的な規制も当然，頭に入っている。しかし，これが海外市場となれば実際のところお手上げであろう。

　ことASEANについていえば，統計的データも本邦と比べて全くといっていいほどに整備されていないことも，手詰まりの要因になりやすい。

　ゆえに，こうした状況において実施される仮説というのは，往々にして筋が悪くなる。もし，当事者である事業会社として，調査会社やコンサルティングにこうした戦略策定のプロセスを委託するようなことがあれば，問題は根深い。なぜなら，国内市場であればその道のプロとして，市場のインサイダーとして備えている"土地勘"が働かないため，ダブルチェックを実質的に行うことができないからだ。

　コンサルティング会社で市場調査をしているのは，ジュニアポジションの若手である。彼らはたかだか大学卒業，よくてMBAを修了したばかりのビジネス経験もない若者である。彼らのプロフェッショナルとしての仕事振りを否定するつもりはないが，それでも彼らはいかなる意味においても，10年，20年先のクライアント企業の経営に対する責任は有していない。あくまで外部者である。

　そうして出来上がった紙の資料を鵜呑みにし，それをもとに戦略を立てるのは極めてナンセンスである。何より大事なのは，データでわかるのはすべて過去のことである。今後どうなるか，ということが重要なのだ。繰り返し述べてきたとおり，経営とは不確実を所与としつつ，いかに最良の手を打つか，ということに尽きる。

　海外市場において本当に有効な"市場調査"とは，その業界に精通しているオーナー・経営陣，あるいは政府関係者が市場をどう見ているのか，これからどう成長していくと考えているのかについての見解を聞くことである。

　そうすることで初めて質の高い一次情報に触れることができ，かつ実際に現地で経営を行う彼らが業界インサイダーとして有しているデータを確認することもできる。こうして，経営の原則に従った実践的な戦略立案というものが可能になる。調査というのはあくまで経営上の意思決定を補助するものでしかない。調査自体が目的化しているのであれば，

それは本末転倒である。

　一方で，こうしたアプローチは，現地におけるオーナー・経営者との直接的な接触を可能にするネットワークなくして実現できるものではない。また，彼らから協力を仰ぐために踏むべきプロセスや交渉ノウハウというものがある。こうしたアプローチを可能にする手法としてKCPが行っているプロジェクト形態と実務的手法については，実践編で詳しく解説する。

3-4　プロジェクトマネジメントの鉄則

プロジェクトの定義

　プロジェクトとは,「有期性をもって, 特定の目的のために組成され
た組織体によって遂行される業務」と定義される。つまり, 定常的な業
務でなく期間があらかじめ定まっている, 目的志向的な活動ということ
である。

　したがって, 普段から馴染みのある定常業務とは全く異なるアプロー
チが求められることとなる。プロジェクト・マネジメントとは, この点
の相違に注目したうえで, 効率的・効果的な意思決定のあり方を模索す
るものである。

プロジェクト体制と職制

　日本企業の特徴として, プロジェクト体制と職制を混同してしまうと
いうケースが散見されるが, これでは効果的・効率的な運営はままなら
ない。

　職制というのは, 社長・取締役・執行役員・本部長・部長・課長と
いった, 組織における承認・決裁ラインとして通常表現される "タテの
関係" と, 事業部・部署・カンパニーといった, 機能あるいは経営管理
上のユニットとして分割される "ヨコの関係" を意味する。これらはそ
の性質上, 反復的に発生する定常業務の処理に最適化されている。

　しかし, 上述のとおり, 海外進出あるいはM&A検討等のプロジェク
トは, 有期の非定常的な事柄を扱うため, これらの枠組みに縛られるこ

とは，往々にして非効率をもたらすことになる。

階層は3階層が原則

　プロジェクト停滞の要因としてたびたび問題になるのが，意思決定の分掌の問題である。特に，現地法人が主導で進める案件等，本社との折衝に時間を要することで無用に時間を費やすことが多く見られる。

　通常業務と同じ時間軸や体制で「報告・連絡・相談」を行っていては，時間がいくらあっても足りない。新規性の高い取組であれば都度，情報共有を関係者に行うのは当然であるが，何もかも合議に図るような進め方をしていてはあまりにも非効率であり，無用な遅滞を招く。

　そうした事態を避けるためには，着手時点から関係者の役割分掌を明確にしておくことが肝要である。このとき，階層は3階層を原則とすることが重要になる。大枠の役割は，実務上の意思決定者（1名：社長または担当取締役，執行役員等），実務管理責任者（1名：部長，課長等），実務担当者（複数名：その他）という分担を行う。

　なお，ここでいう「意思決定」とは，あくまで承認の結果として委譲されたプロジェクト上の意思決定の範囲内における意思決定，判断を指す。

　したがって，実務上の意思決定者はあくまでも組織上，当案件を所轄する実質上の人物をいい，必ずしも会社法・定款上，あるいは社内規定上の意思決定機関と一致している必要はない。また，稟議等の所定の承認フローは通常の枠内で実施することで問題ない。当然，それらは規定に従って執り行われるべきである。

　繰り返しになるが，改めて職制を離れて考えることが必要である。日本的な体面への配慮からラインをいたずらに増やす例が多くあるが，階

層が1つ増えることで実務上のコミュニケーションは指数的に増加する。意見を仰ぐ，情報を共有するということは組織としてなされて然るべきだが，それを意思決定・個別判断のラインに組込むかどうか，あるいは助言役としてライン外に設置すべきかは峻別すべきといえる。

意思決定者・関係部署の関与

　一方，"タテ"と"ヨコ"に目配りし，適時・適切に各部門のキーマンを巻き込んで行くことは，組織を動かしていくうえで必要不可欠である。営業部門と製造部門，あるいは企画部門と現地法人等，合意形成の"根回し"不足により「聞いていなかった」という反発を受ける，または前提として考慮すべき事実・状況への理解が浅いままに案件を進めてしまった結果，最終局面で頓挫するようでは元も子もない。

　プロジェクトの縦のラインと別軸に関わるプロジェクト・アドバイザーとして検討初期から招き入れる，あるいはステアリング・コミッティを設置することで部門連携を図る等の工夫をするだけで，意思決定・合意形成の進展は格段にスムーズになる。言い方を変えれば，このように仕組として関与させることを怠ってしまうことで，結果としてインフォーマルな形での"根回し"が必要になり，却ってプロセスを遅滞させることになるのである。

社内イベントの確認

　スケジュールを定める前にまず確認すべきことは，プロジェクトの方針・重要事項の協議を諮るべき会議体のスケジュールである。企業体としての規模の大小を問わず，「役員会」等の名称で，部門横断的に経営

上の重要事項を報告・協議する常設の会議体が設定されているだろう。

　経営から"方針"につき合意を得て，そのうえで実務の"遂行"はプロジェクト・チーム主導で進めていくという分掌が理想であるが，一方で前述のとおり，稟議や決裁等，各社経営において所定のプロセスは存在するものである。ここから逆算して，報告事項・協議事項を取りまとめ，月次ベースで「プロジェクト進捗の報告」を行い，「翌月以降の活動方針」についての承認を得ることで，速やかに各取組を進めていくことが可能になる。

スケジュールとマイルストーン

　スケジュールを決めるときには「月単位」のマイルストーンを定めることがプロジェクト管理に有用である。ここでマイルストーンとは，プロジェクトを完遂するために重要な中間目標のことである。例えば，NDAやMOU（覚書），あるいは最終契約書の締結等，プロジェクト推進における主要イベントが設定される。

　月単位としているのは，状況が流動的に変化していく海外進出プロジェクトの推進において週次・日次で取組を定めることに，ほとんど意味がないからである。この点で，ITシステムの導入や，工場竣工に向けた施工計画等とは性質が全く異なる。

　例えば，現地パートナーとの協業を志向する場合，アポイントの日時1つとっても相手の都合次第である。相手がオーナーであれば，なおさら時間の制約も大きくなる。各論の細部を作り込み過ぎることで大局を見失うことを避けるためには，タスクベースではなく，目指す成果から逆算した"論点ベース"の時間軸設計とすることがポイントとなる。タスクは論点から自ずから導出されるものである。

しかし，予算も時間も有限であるため，なし崩し的な遅延は許されない。そこで，月単位のゴールを定め，かつそこに向けて集中的に取組を進めることで，効果的な動き方が可能になるというのが我々が実務の過程で得た経験則である。

"デジュール" と "デファクト"

デジュールとは方針，デファクトとは活動の結果として発生した事象・状況を指す。まず，プロジェクトを推進する際にはプロジェクトの方針に従って求められる成果を出すということ，これが鉄則である。しかし，具体の取組を進めて行く過程において，多かれ少なかれ軌道修正は必要となる。

この点，計画ありき，予算ありきでプロジェクトを進め，個別の事象・状況に応じた是々非々の議論が行われていないという例が散見される。当然のことながら，予算などの外部的な制約については十分考慮される必要があるが，議論の出発点は「今，この状況を踏まえ，どう舵取りを行うのが適切であるか？」という問であるべきである。

ときには時間軸，あるいは方針の抜本的な転換が必要になることもあるかもしれない。そのときに立ち返るべきは，方針の前提としての背景と目的，なぜ本プロジェクトに着手したのか，そしてその背後にある経営戦略上の意義・題目は何か，という原理・原則であるべきであり，決して過去に定まった方針，という過去の事実自体を目的とするものであっては本末転倒である。

コラム5　迫力あるビジネスパーソン

　数年前，某大手日系不動産会社のシンガポール駐在のU氏が弊社に来られた。私が共著で出版した『誰も語らなかったアジアの見えないリスク』（日刊工業新聞社，2012年）を読んで来られたという。ASEANの統括としてシンガポールに拠点を置いており，タイで事業展開を検討するにあたり，現地のある有力デベロッパーとの提携に関心があるという。他の競合との比較をしてから最終決定をしたいということで，市場調査の依頼を受けた。

　弊社ではデスクトップ上だけでの市場調査は行わず，必ずターゲットとなる企業や関連企業のオーナー，経営者，もしくはそれに近い層の人物との面談によって行う。一次情報が不足する海外市場において，現地のオーナー，経営陣からの生の声を聞くことで，初めて自社の経営戦略に役立てることができる。思いつく限りの手法とコネクションを活用して，意中の企業を含めたタイ上位30社のデベロッパーの情報をレポートにまとめた。私から見ても，意中の企業はいいパートナー候補であった。

　しばらく経ち，U氏からバンコクの寿司屋に呼び出された。「最終的に本社が首を縦に振りませんでした。ご尽力いただいたのに申し訳ございません」と頭を下げられた。聞くと，本社のある執行役員が「国内事業で十二分に収益があるため，海外事業に注力する必要はない」と意見したという。本社は不確実性の高い海外進出に対して完全に及び腰の姿勢であるようであった。

バンコク中心部では高層ビルが立ち並ぶ＝2022年，バンコク

　私はU氏にその執行役員の特徴について聞いた。私と同年代で，バックオフィス系の経歴を持つ人物であるという。そして，駐在員に以下のように本社執行役員に伝えるよう言った。「このプロジェクトの責任はすべて私が持ちます。手柄は全部あなたのものにしてください。20，30代の社員は今の海外戦略を見ています。彼らに夢を持たせるために是非やらせてください」

　これまでに，「役員会で決まりましたので」と不明瞭な自社の都合で，一方的に交渉を中止し千載一遇の機会を逃す日系企業を何度も見てきた。だが，役員会の判断が必ず正しいのだろうか。現地に身を置いて，日々アジア勢の目覚ましい成長を肌で感じている担当者と，本社で報告を聞いている役員では見えている景色が異なる。現地法人の責任者は板挟みになることが多いが，自分自身に信念があり，何が何でもこの事業を行いたい，成功させるという覚悟があるのであれば，大人しく引き下がるのではなく「ご再考をお願いします」というのが正しいビジネスパーソンのあり方である。議論を尽くさないうちに正しいと思う道を断つのは間違っている。

　上司も「受注が増えなかったらどうするのか」「投資する以上の成長が確実に見込めるのか」といつまでも不確実な要素ばかりを列挙していたら，日系企業はどんどん海外勢に遅れをとっていく。不確実な要素に対し，建設的な議論を導いていくのが上司のあるべき姿ではないだろうか。

　数日後，U氏より本社から承認が下りたという連絡がきた。その後，当初の意中の企業と設立した合弁会社は現在に至るまで，タイで数十棟のコンドミニアムを開発した。ベトナムにも進出し，商業施設の開発も手掛けている。その後，先にタイに進出したライバル企業からは「いいパートナーと組まれましたね」と言われたという。

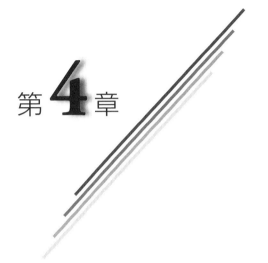

第**4**章

日本とASEAN

　本章では，現在におけるマクロ的潮流と日本経済の立ち位置を概観することで，日本企業の取るべき打ち手の方向性，日本にとってのASEANという地勢の重要性を確認する。

4-1　日本経済の課題

経済規模から見た日本は，すでにASEANを下回っている

　2020年時点における主要各国のGDP（※購買力平価ベース）を比較したのが，図表4-1である。購買力平価GDPとは，各国の対ドルレートの代わりに購買力平価によってドル換算する，つまりその国の商品価格を基準にするため，生活実感に近い値が求められるというメリットがある。

■図表4-1　GDP（PPPベース）将来予測①（2030年／2050年）■

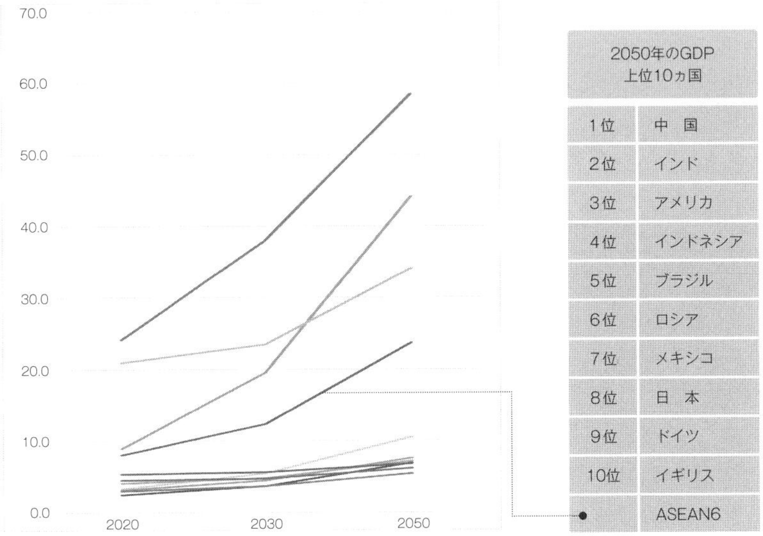

88

■図表4-1　GDP（PPPベース）将来予測②（2030年／2050年）■

2050年のGDP 上位10ヵ国		順位変動 （2020→2050）	2020	2030	2050	対日本の比率 （2050年）	人口ボーナス 終了年
1位	中国	1位→1位　（0）	24.1	38.0	58.5	8.6倍	2034
2位	インド	3位→2位（＋1）	8.9	19.5	44.1	6.5倍	2060
3位	アメリカ	2位→3位（－1）	20.9	23.5	34.1	5.0倍	2014
4位	インドネシア	7位→4位（＋3）	3.3	5.4	10.5	1.5倍	2044
5位	ブラジル	8位→5位（＋3）	3.2	4.4	7.5	1.1倍	2038
6位	ロシア	6位→6位　（0）	4.1	4.7	7.1	1.1倍	2025
7位	メキシコ	11位→7位（＋4）	2.4	3.7	6.9	1.0倍	2037
8位	日本	4位→8位（－4）	5.3	5.6	6.8	—	2005
9位	ドイツ	5位→9位（－4）	4.5	4.7	6.1	0.9倍	2007
10位	イギリス	10位→10位（0）	3.0	3.6	5.4	0.8倍	2007
	ASEAN6		8.0	12.3	23.7	3.5倍	2041

注1　ASEAN6：シンガポール，マレーシア，タイ，インドネシア，フィリピン，ベトナム
注2　本書における人口ボーナスの定義：生産年齢人口／従属人口が2倍以上の期間
Source：PwC "World in 2050（2017）"，JETRO "人口ボーナス期で見る有望市場は（2015）"，KCP

　実際の為替レートは為替市場での需給や，貿易の際のコストなど両国の購買力以外のさまざまな要素によって変わるものの，長期的にみれば購買力平価から一方的に乖離することはないという考え方に基づいている。そのため，短期的なレートの変動を排した，長期的な2国間の為替レートの目安となる値として有効である。

　日本は2020年時点で中国（24兆USD），アメリカ（20兆USD），インド（8.9兆USD）に次ぐ4位（5.3兆USD）である。依然，大国の1つと

いって差し支えないだろう。しかし，2050年時点では8位（6.8兆USD）へと，4ランク順位を下げると予測されている。なお，ASEAN主要6ヵ国（※シンガポール，マレーシア，タイ，インドネシア，フィリピン，ベトナム）の合計は8.0兆USDであり，すでに日本を上回っている。

　今後の数十年間，世界経済は中国，インドの2国に代表される新興市場が急速に成長を遂げ，先進国は軒並み緩やかな成長を描くという対比的な推移となる。経済成長の鈍化は日本に固有の問題というわけではなく，ドイツ，イギリス等の他の先進国も同様の課題に直面している。アメリカの成長性は先進国の中で例外的に高いが，最先端の金融知見やイノベーションの産業・文化的土壌などが継続した成長力の源泉であろう。

　人口動態は労働力，内需のトレンドを概ね方向づける要素であり，経済成長との関係は深い。この点，日本の2020年時点での高齢化率（総人口に対する65歳以上人口の比率）は28.4％であり，世界で最も高齢化が進行している。他方，出生率は低下しており，人口減のトレンドは続いている。2020年1月1日時点の住民基本台帳人口によれば，前年から日本人住民は50万人減少した。一方，外国人住民は20万人増加して，1億2,713万8,033人となった。

　今後の成長シナリオとして内需拡大による経済規模の拡大は期待すべくもなく，保守的な移民政策を刷新するのでもない限り，現状ベースの成長では規模の維持さえままならない，ということになる。

　ASEANは中国，インドと比較して注目される割合は低いが，それでも購買力平価GDPで見ると，すでに日本の経済規模を上回っている。上述のとおり，域内GDPの合計（主要6ヵ国，通称ASEAN6）は，2020年時点で8兆USDとすでに日本の1.5倍の規模に達している。また，2050年時点においては現在の3倍近い23.7兆USDまで拡大し，同時期の日本の3.5倍の規模に至ると予測される。

見劣りする労働生産性

OECDデータに基づく2019年の日本の時間当たり労働生産性は47.9ド
ル（4,866円）で，OECD加盟37ヵ国中21位であった。名目ベースでみ
ると，前年から5.7％上昇したものの，順位は変わっていない。就業者
1人当たり労働生産性（年単位）は81,183ドル（824万円），OECD加盟
37ヵ国中26位となっている。主要先進7ヵ国（G7）の中では，1970年
以降，約50年間にわたって最下位の状況が続いてきた。

2010年代後半の日本では，「働き方改革」の旗印のもと，低水準の生
産性を見直すような動きが進んだ。その結果はどうであったか。2010年
代後半（2015～2019年平均）における日本の実質労働生産性上昇率はマ
イナス0.3％であり，OECD加盟37ヵ国中35位という結果であった。数
字を見れば，労働生産性はむしろ悪化しているのである。理由は何か。

日本経済全体に目を向けると，2010年代後半の日本の実質経済成長率

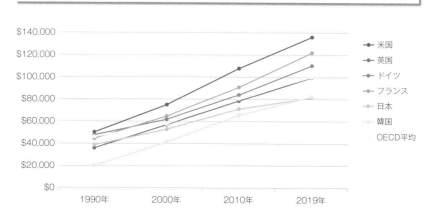

■図表4-2　主要先進国別・労働生産性の比較（1990年～2019年）■

Source：OECD.Stat，KCP

は一定の財政政策の奏功等により上昇基調にあったとはいえ，１％を下回るような水準にとどまる年が多かった。

　一方，総人口や生産年齢人口はすでに減少傾向にあるものの，同時期に促進された女性・老齢者の雇用の増加等もあり，日本における同時期の就業者の増加幅は＋5.0％であった。これは，ドイツ（＋5.4％）や米国（＋5.8％）には及ばずも，フランス（＋2.8％）やイタリア（＋4.0％），英国（＋4.8％）を上回る水準ではある。経済が伸び悩む中で労働参加率が増加していることにより，生産性は全体として下落しているのである。

"ニッポン株式会社"成長の鍵は，海外事業にある

　内需の伸び悩みと低労働生産性が日本経済に示しているのは，もっぱら内需に依存した成長戦略の限界であり，そうであるならば時代の必然として海外市場に目を向けなければならない。

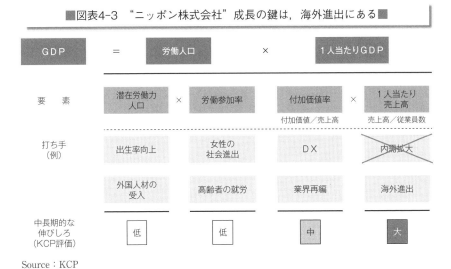

■図表4-3　"ニッポン株式会社"成長の鍵は，海外進出にある■

Source：KCP

　従来，日本の海外"進出"の実態は，積極的な成長戦略推進のために自発的に行うものではなく，得意先の進出にともなう帯同要請，あるいは円高や世界的な経済危機など，一定の外的要因に基づく受動的な取組であることが多かった。ことアジア地域への進出黎明期における主たる動機は，低コストな労働力を有する"生産地"としての活用であることも多く，現地を"消費地（市場）"として捉えた経営的転換は今なお，多くの企業が二の足を踏んでいる状況ではないだろうか。

　しかし，内需に支えられた国内市場への輸出拠点として海外を位置づける見方が時代に即していないことはすでに述べた。海外を単なる生産地，あるいは本邦市場の日系得意先に対するサービスの拡張，という"戦略なき海外事業"のあり方を根本から再考し，現地市場をマーケットとして射程に入れるべき時代がすでに到来している。

事　例 ◆

　　ある中堅電気設備会社は約20年前にベトナムに進出した。大手ゼネコンをトップとする下請け構造により国内市場が寡占であることに加え，確実に縮小していく内需を見越してASEANで市場を開拓する必然性を戦略的に捉えていた。

　　独資で進出し，当初はベトナムの日系市場で事業を行っていたが，進出から10年が経つと成長が頭打ちとなった。

　　そこで現地市場への参入を目的として，ベトナム建設社等数社から出資を受けた。結果として，資本提携先企業のツテにより，政府系工事案件の受注に成功し，2020年時点でホールディングス全体の売上に対し海外売上比率が3割を占めるようになった。まだ新規の工事案件が多数あるベトナムにおいては，自社の足りない機能を補う現地企業との提携によって，大手ゼネコンとも対等

に入札やビジネスができる環境をつくり出すことができるのは中堅・中小企業にこそ大きなチャンスである。

　現在は，日本国内事業は既存事業の維持に留め，ベトナムを主たる成長市場と捉え，事業拡大に専念している。将来的に海外売上比率を全体の5割に伸ばす方針である。

───────────────────────────◆

　これは，ASEANを新規の市場として戦略的に捉え，外需獲得に成功した好事例である。この企業の海外事業担当者が「中堅・中小企業こそいち早くASEANで事業機会を見出すべきだ」と話していたのが印象的であった。

　余談となるが，内需の縮小に対して危機感を持っていち早くこうした判断ができるのは，中堅・中小企業だからこそといえる点もある。

　とある中堅建設会社の中期経営計画には，2020年度時点で海外売上比率が1％であるのを，10年後に10％まで伸ばす方針が掲げられた。タイを拠点に事業開拓を命ぜられ，現地法人に送り込まれた担当者は困り果てた様子で相談に来た。というのも，建設会社であるにもかかわらず，機械もワーカーも受注実績もないのである。弊社でも現地パートナーとの協業による事業立ち上げや拡大について提案したが，最終的な本社の決定は，「自分で努力をして工事を受注せよ」だった。果たしてこうした状況で事業を立ち上げられる人材が存在するのであろうか。

　会社の体質といってしまえばそれまでだが，一因として，この会社は戦後より売上の大半が公共事業の受注により成り立っている。災害の多い日本では依然として今後も一定の需要を見込むことができる。つまりは，外需獲得によって50年，100年後も生き延びていかなければいけないという危機感を持てない構造が存在しているのである。

94

コラム6

タイから世界へ　社員3人の挑戦

　弊社に相談に来るクライアントより「うちは小さな会社なので」と言われることがある。これまで三菱地所や鴻池運輸，西村あさひ法律事務所等，日本を代表する企業も支援させていただいたが，中堅・中小企業ももちろんある。会社の規模は関係なく，どの会社にも海外展開は可能である。

　これまでのクライアントのうち，最小規模であったのが，京都の合同会社CUT Japanである。独自で開発した布をレーザーで切断し，ホテルやレストラン，オフィスなどを飾り付けるインテリア製品の企画，制作，販売を行っているユニークな会社だ。特殊なレーザーカッティング技術で複雑なデザインも即座にバランスを計算し切断することもできる。初めて見たときは，布1つでこれほど空間に変化が生まれるのかと目を見張った。弊社が支援した2013年時点では設立から数ヵ月，社員3人だった。第5章で詳述する「パートナー探索プロジェクト」を実施する過程で，同社の西村清一社長と共同設立者の金田宏司氏とタイの建築・設計事務所，内装工事業者，インテリアデザイン事務所等，数多くの企業へ訪問すると，その革新的な技術はどこでも歓迎された。

　最終的に，タイの多国籍企業である建築インテリア設計事務所Orbit Design Studio社の子会社Glo Design社と合弁会社を設立した。Orbit 社は主にオフィスの設計を行っており，P&Gの東南アジアや中東地域のオフィス，ウイスキーのジョニーウォーカーで有名なイギリスの酒造会社ディアジオ社のオフィスなど，一流企業のオフィス設計を手掛けた実績がある会社だ。

　規模に関係なく，特有の技術やノウハウ，特色を交渉の過程で適切に魅力づけ

CUT Japan の製品

をしていくことで，必ず志
をともにするパートナーと
組むことができるというの
が，これまでの経験知から
自信を持っていえる。

　CUT Japanは，なぜ設
立直後からアジアでの事業
展開を目指していたのだろ
うか。この経緯に関して金
田氏が印象的な話をしてく
れた。もともと金田氏は，
美術館で使用する絵画の額

Orbit Design Studio社の代表のクリストファー氏（右）
とCUT Japanの金田氏（右から4人目），西村氏（同
5人目）ら＝タイ

縁などのインテリア製品のデザイン，販売をしており，その関係
でヨーロッパを訪れる機会が多かったという。

　家内制手工業の歴史が深いイタリアを訪れた際に，目の当たり
にしたのが家族3人でモノづくりを行っているような町工場でさ
えも，絶えず海外に向けて商売をしていこうとする姿勢であった。
日本では抱いたことのなかった考えであり，衝撃を受けたという。

　特に，主な国内での受注先である建築内装設計事務所はこれま
で内需で成り立ってきた業界であるため，海外進出に目が向いて
いるところは少ないという。であれば，当初から東南アジアのハ
ブであるタイを拠点としてアジア，世界へ発信をしていこうと志
したという。

　海外進出から10年経ったところで，金田氏にタイに進出した
意義について改めて聞いてみた。「世界がぐっと近くなったこと」
と話す。合弁会社では「ドバイの仕事を手伝ってほしい」「アメ
リカ企業から依頼が来た」という会話が自然と生まれている。そ
のような環境に身を置くと，「どの国にも仕事のチャンスがある」
という可能性を実感することができ，世界へ目が開かれていくと
いう。もちろん苦労もあるが，「タイに来なければ何も始まらな
かったですからね」と笑った。

4-2　ASEANと日本

対外直接投資残高

　国際収支統計における直接投資（Foreign Direct Investment：FDI）は，「永続的な経済関係の構築を目的として経済領域外の企業に行う投資」と一般に定義される。FDIは"対外直接投資（日本から海外）"と"対内直接投資（海外から日本）"があるが，本書においては特段の断りがない限り前者の意味で用いる。なお，投資形態としては，新たに企業を設立する新規投資（グリーンフィールド投資）と，既存企業の買収（クロスボーダーM&A，もしくはブラウンフィールド投資とも呼称）の2類型に区分される。

　2020年末，日本の対外直接投資残高は1.99兆USD（約200兆円）であり，2000年末時点の残高である2,784億USD（約28兆円）から年平均成長率10%で推移，当時の7倍の水準に至っている（図表4-4参照）。

■図表4-4　日本の対外直接投資残高の推移（2000年〜2020年）■

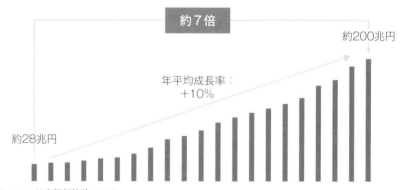

約7倍

約200兆円

年平均成長率：
＋10%

約28兆円

Source：日本銀行統計，KCP

日本・ASEAN間の経済的紐帯

　アジアは日本との地理的近接性や歴史的沿革から経済的にも投資が集積している地域であり，2020年末時点において世界中に分散する対外FDI残高の28%が当該地域に存在するが，このアジア地域を対象とするFDI残高のうち，50%がASEANに集積している。

■図表4-5　直接投資残高■

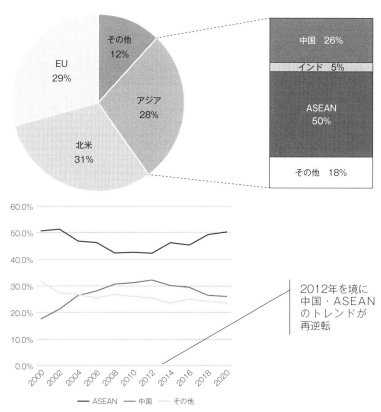

Source：日本銀行統計，KCP

98

　アジアを対象とする投資残高のうち最大の投資先は中国（1,435億USD，以下同）であり，アジア全体の26%を占め，シンガポール（990），タイ（787），韓国（420），インドネシア（384），香港（378），インド（300），ベトナム（218），マレーシア（187），台湾（186），フィリピン（169）が続く。

　アジア全体に占めるASEANのシェアは一貫して高い。2000年代に入り中国向け投資が急速に拡大し，ASEANは相対的にシェアを落とす傾向が続いたが，2012年末を境として中国・ASEANのトレンドが再逆転する現象が続いている（図表4-5参照）。

　図表4-6は，日本の直接投資残高上位20ヵ国それぞれとの貿易総量（輸出入合計）を比較したものである。座標が右上にある国・地域ほど，日本にとって経済的結びつきが強いということを示している。また，左上

■図表4-6　日本の直接投資残高上位20ヵ国と各国貿易量■

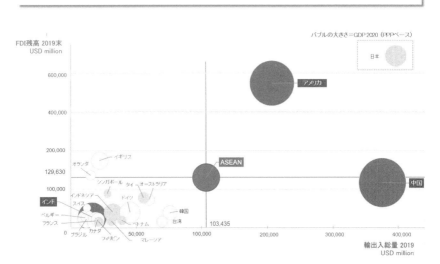

Source：日本銀行統計，KCP

寄りの国・地域は税制メリット等による投資経由国としての性格が強く（イギリス，オランダ，シンガポール等），右下寄りの国・地域は輸出入取引の割合に比して直接投資を通じたつながりが相対的に小さいといえる（韓国，台湾等）。

　ASEANは，日本にとって米中に次ぐ規模の貿易相手であり，同時に首位アメリカに次ぐ規模の直接投資の集積があることが見てとれる。直接投資集積の絶対値としてはイギリスおよびオランダがASEANを上回っているが，両国はタックス・プランニング上の投資経由地としての活用で知られており，産業集積という観点からは割り引いて考える必要があるだろう。実質的な経済的紐帯ということからいえば，ASEANはアメリカに次いで重要な地勢である。

4-3　国別・業種別に見た投資傾向

ASEANを対象とするFDI

　ASEANを対象とするFDIのうち，製造業・非製造業の比率は2020年末時点において，約48：52と概ね均衡している。世界全体で見た場合の同比率は約40：60であり，ASEANのFDI集積は比較的製造業の比率が高いということができるだろう。なお，製造業ではタイ，非製造業ではシンガポールの存在感が際立っている。これらは各国の長年の外資産業誘致に関する一貫した政策的取組によって促進されており，両国と日本の交易関係の強さを示すものでもある。

　タイは，アジア全体でみた製造業関連FDI残高においても１位の中国

■図表4-7　対ASEAN直接投資残高と受入国・産業別のシェア（2020年）■

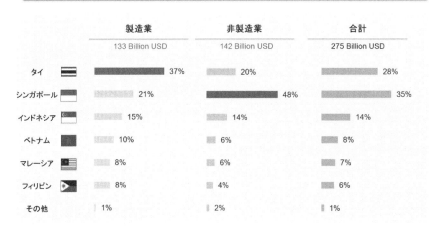

Source：日本銀行統計，KCP

約940億USD（約9.4兆円）に次ぐ2位であり，中国の半分強の規模にある同約490億USD（約4.9兆円）。なお，中国は世界全体同約7,790億USD（同約77.9兆円）の12.1％を占めているが，タイは6.3％である。

　シンガポールは，アジア全体で見た非製造業関連FDIにおいても1位同約690億USD（同約6.9兆円）であり，世界全体同約1兆1,300億USD（同約113兆円）の6.1％を占めている。2位は中国同約490億USD（同約4.9兆円），3位はタイ同約280億USD（同約2.8兆円），シンガポールと並ぶアジアの金融ハブとして知られる香港同約270億USD（同約2.7兆円）は4位に続く。

■図表4-8　対ASEAN直接投資残高と受入国・産業別の内訳詳細（2020年）■

単位：百万USD

製造業	製造 計	輸送機械	電気機械	食料品	化学・医薬	鉄・非鉄金属	一般機械	その他
順位　ASEAN 合計	133,230	29,332	21,982	16,412	15,015	13,693	10,195	26,601
1位　タイ	49,125	13,584	9,352	1,884	4,652	6,523	4,248	8,881
2位　シンガポール	27,535	2,576	3,804	9,761	3,180	422	1,280	6,513
3位　インドネシア	19,583	8,076	1,093	1,126	2,885	1,727	1,450	3,227
4位　ベトナム	13,636	2,132	1,742	697	1,513	1,817	1,783	3,954
5位　フィリピン	11,182	1,341	3,815	2,244	435	2,146	76	1,126
6位　マレーシア	10,984	1,511	1,999	413	2,104	966	1,341	2,649
―　その他ASEAN	1,185	112	177	287	246	92	17	251

単位：百万USD

非製造業	非製造 計	金融・保険	卸売・小売	サービス	不動産	運輸	通信	その他
順位　ASEAN 合計	142,657	70,269	27,224	10,061	9,318	6,989	5,949	12,846
1位　シンガポール	68,723	26,865	17,061	6,771	4,383	5,217	3,277	5,149
2位　タイ	28,284	19,081	6,016	1,033	681	489	96	888
3位　インドネシア	20,082	13,728	1,320	523	1,721	423	263	2,104
4位　ベトナム	8,851	5,025	714	583	1,399	353	55	724
5位　マレーシア	7,904	3,338	1,109	593	130	199	913	1,621
6位　フィリピン	6,200	1,879	696	258	400	187	1,336	1,443
―　その他ASEAN	2,613	353	308	300	604	121	9	917

Source：日本銀行統計，KCP

　受入国・産業別の詳細（図表4-8）を見ると，日本のお家芸である自動車産業はFDIにおいても主役であり，製造業関連の域内FDI残高の22％を占めている。特にタイは，自動車産業の集積が厚い（製造業関連FDI残高の25％）。同時に，食料品分野を除くすべての領域においても，最大の投資先国となっている。

　非製造業関連のFDI残高をみると，「金融・保険」分野が49％を占める。金融立国の印象が強いシンガポールは，全領域で最大の投資先国となっている。また，タイ，インドネシア，ベトナムの3ヵ国においては金融・保険関連の投資がそれぞれ67％，68％，57％と際立って高いが，これらの国が特段，金融立国としての性格を持たないことに鑑みれば，非「金融・保険」領域に今後も拡大余地があることを示唆している。

他の投資元国との比較

　高度経済成長の時代から長い時をかけて日本がASEAN地域に集積してきたFDI蓄積は，依然として世界有数の水準にある。図表4-9は主要ソース国（上位12ヵ国・地域）のASEAN向け直接投資の残高と増加率を2014年および2019年各時点の年末ベースで比較したものである（参照データの制約上，ベトナム，ラオスおよびカンボジアは含まない）。

　日本は依然としてASEANにとって最重要な投資国の1つである。一方で，2014年末時点では最大の投資国であった日本の2019年末までの5年間における直接投資残高の増加率は＋22％にとどまった。結果，急速に投資を拡大した米国（＋98％）に首位の座を譲っている。なお，中国（＋155％）は比較国中で最大の伸びを示しているが，上位国を大きく脅かす水準にはまだ至っていない。

　また，アメリカと日本という2ヵ国に次ぐ直接投資のソースが，

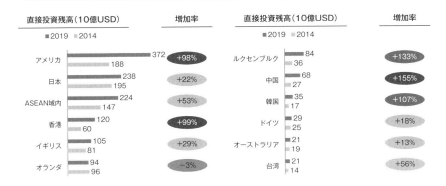

■図表4-9　主要ソース国（上位12ヵ国）のASEAN主要国*向け
直接投資残高と増加率（2014年→2019年）■

*　シンガポール，マレーシア，タイ，インドネシア，フィリピン，ミャンマー，カンボジア，ブルネイ，ベトナム，ラオス，カンボジアは統計内にデータなし

Source：日本銀行統計，KCP

「ASEAN域内（の他国）」であることは注目される。ASEAN域内相互の投資活動の進展は経済的連帯の成果の１つであろう。日本においては"投資受入国"という印象が強いASEANであるが，域内他国との相互投資が積極的に行われていることを窺わせる。

貿易面で存在感を強める中国

2000年代以降，国際商取引は急速に増加している。2019年時点における世界の貿易額は38.8兆USDであったが，これは2000年当時の３倍を超える水準に相当する。世界のGDP対比でみれば，45.2％の水準である。企業活動のグローバル化，WTO（世界貿易機関）や関税条約・自由貿易協定といった貿易円滑化に向けた枠組み整備等を背景に，近年も堅調な推移が続いている。

この点，世界の貿易において中国の存在感は極めて大きい。中国は，

■図表4-10　主要国・地域の輸出に占める米国・中国のシェア（2000年→2017年）■

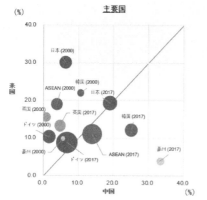

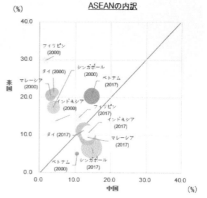

＊　バブルの大きさは各国貿易量全体の規模を示す
Source：経済産業省「通商白書（2019年）」，KCP

2001年のWTO加盟以降，"世界の工場" として諸外国との貿易を拡大し，また近年は急成長により手にした莫大な資金力を背景に投資国としても関係を強めている。一方，米国は従来から諸外国と強い関係を有しており，同3位の日本はもとより，多くの国にとって重要な貿易パートナーである。対米国・対中国向け輸出シェアの変化（2000年→2017年）を国・地域別に比較すると，総じて中国向けシェアが高まっている（図表4-10）。

　日本は米国向けシェアがやや低下する一方で，中国向けシェアが上昇し，現状では米国・中国向けがほぼ等しくなっている。これに対して，韓国は中国向けシェアが大きく拡大して，中国向けシェアが米国向けを大きく上回った。ASEANも中国向けシェアが拡大しているが，ASEAN全体としては中国向けシェアが米国向けをやや上回る程度に留まっている。

　なお，ASEANを国別に見ると各国で異なる特徴が見られる。タイは日本同様，米中向けがほぼ等しい。シンガポール，マレーシア，インドネシアは中国向けシェアのほうが高く，フィリピンは米国向けが高い。一方，ベトナムは他国と全く異なる変化をしており，米国向けが急速に拡大している。これは，近年の米中貿易摩擦による高関税を避けるために，各国メーカーが同国への生産機能移転を加速したこと等が背景にあると考えられる。

　近年，中国の目覚ましい経済発展は同国の賃金水準等のコスト上昇をもたらしており，加えて中国への集中は共産党主導の強権的行政等の政策リスクをともなうとの懸念から，「チャイナプラスワン」といわれるリスク分散の考えに基づいた他国への分散の動きも見られるようになった。2012年以降の中国・ASEANの直接投資残高シェアの逆転は，こうした背景と無縁でない。

　「チャイナプラスワン」といわれるように，市場としての中国の重要性を踏まえれば中国からの撤退を前提としてはおらず，あくまで分散という観点で他国・他地域に進出するという方針は取りうる。いずれにせよ，コロナ危機によって顕在化したサプライチェーンの課題，加えて関税処置に代表される米中摩擦等によって，今後「脱・中国依存」の動きが加速する公算は高い。

　こうした時代的状況において，米中関係をはじめとする先行き不透明な世界情勢を踏まえれば，日本経済にとってASEANは世界有数の産業集積と貿易関係を有する最重要の地勢であるといえる。

変わるか変わらないか

　日本の電気自動車ベンチャーFOMMのアドバイザーを務めていたときのことだった。タイの自動車工業会の上層部の人に，「これからタイで電気自動車の製造を始めるので，よろしくお願いします」と挨拶に行った。すると，「お前らの事業で何百万人が失業すると思っているのだ」とすごい剣幕で怒られた。

　いうまでもなく，タイは製造業，特に自動車産業で成り立っている国であり，日本の自動車業界にとっても中心となる生産地である。1台の車には約3万点の部品が使用されており，関連企業は数百社ではきかないといわれている。ところが，FOMMが必要とする部品数は，その約5％の1,600点なのである。

　私は彼に問いかけた。

　「富士フイルムという日本の会社を知っていますか？　写真フィルムを製造していた会社です。デジタルカメラが出てきたときに，彼らは怒りましたか？」

　今，富士フイルムは，高機能フィルムなどのほか，ヘルスケア事業も手掛けている。それと一緒だと話した。

　「あなたがどれだけ怒ろうと，電気自動車の時代は間違いなく来る。そんなことを言う前に，あなたがすべきことは，『電気自動車について是非勉強させてください。タイの産業を押し上げるために一緒にやっていきましょう』ということではないですか」

　これは，技術革新が目覚ましい現代において，あらゆる企業が直面している現状ではないだろうか。これまで培ってきた技術やノウハウは素晴らしい。だが，これまでの技術に固執し現状に留まるのか，柔軟に新しい技術，視点，概念を取り入れて新たな価値を生み出していくのか。デジタル分野だけ切り取ってみても，超高齢化社会の日本とデジタルネイティブの若者がごまんと存在するASEANの技術革新の目覚ましさは格段に異なる。彼らの懐に飛び込み，知恵を借りるというのは，成長していくための非常に有力なドライバーになるはずである。

4-4　海外進出の歴史的経過

　本章の結びに，日本企業の海外進出の歴史的経過と，各時代における日系企業の海外進出のあり方を振り返ることとする。

第二次世界大戦後（1945年〜1985年）

　この時代，日系企業の海外進出を後押ししたのは製造業が中心であった。まず，第二次世界大戦後の日系企業の海外輸出の先陣を切ったのは，朝鮮特需に後押しされた繊維・鉄鋼等の業界である。

　その後，高度経済成長の期間，日系ナショナル・ブランド各社が国際競争力をつけ，Tier1を中心とする日系サプライヤーとともに海外進出を加速した。この時期は，エレクトロニクス（ソニー，東芝，パナソニック等）および自動車業界（トヨタ，ホンダ等）の二大産業により牽引されて，日系企業の海外直接の投資が本格化した時代と振り返ることができる。

　80年代は自動車・カラーテレビ等の耐久財，半導体・コンデンサ等の電子部品が海外市場を席巻した。経営機能的な観点からこの時代を総括すれば，輸出ベースのマーケティング・販売機能強化に主眼が置かれた時期であった。

プラザ合意とバブル崩壊（1985年〜1990年）

　しかし，プラザ合意（1985年）以降の急激な円高（ドル円は直前の240円台から1988年には120円台まで下落）により，円建てコストが死活問題となった。日系製造業の海外進出は，日本からの生産シフトを狙っ

た直接投資ベースの生産拠点の立地，生産，資材調達機能の移管を余儀なくされたのである。

製造業の海外進出の第二波として，製造業各社，とりわけ食品，日用品，化粧品，医薬品等の海外進出が活性化したのがこの時期である。いずれも商材の性質上，内需志向の強い産業であるため，海外進出の狙いとしてはローカル市場開拓を長期的な狙いとしつつも，短期的には安価な人件費を確保するという状況に対して受動的な打ち手であり，また現地を「生産基地」として位置づける向きが主であり，「市場」として開拓していく姿勢をもあった企業はごく少数であった。

1980年代は，バブル経済時の空前のカネ余りから日系企業による大型M&Aが注目された時期でもあった。代表的な例は，ソニーによるハリウッド映画を代表する「コロンビア・ピクチャーズ・エンターテインメント」の買収（約34億USD），三菱地所による米ニューヨーク中心のオフィスビル「ロックフェラーセンター」の買収（約8.5億USD），松下電器産業（現 パナソニック）による米総合エンターテイメント企業「MCA」の買収（約61億USD）等であろう。「日本企業が米国の魂を買った」といわれるなどジャパンバッシングが過熱したが，長く続かなかった。1991年にはバブル経済が崩壊し，大型投資にともなう巨額の負債や設備・人員の余剰に苦しむようになった。

中国ほか新興国の台頭（1991年〜現在）

2010年，中国は日本を抜きGDPで世界第2位となった。以降もその経済成長のモメンタムは衰えず，政府主導の大規模投資・都市開発に加え，"BATH"と総称される成長著しいメガIT企業群（バイドゥ，アリババ，テンセント，ファーウェイ）等，時価総額で日本企業トップ各社

を圧倒的に突き放すような存在感を持つ企業が頭角を表し，今日に至る。

　呼応するかのように，「東南アジア諸国連合」たるASEANが域内連携の強化を図ってきたのもこの頃である。中国，インドという二大国家の躍進に対抗するように「単一の市場と生産基地」という理念・コンセプトをさまざまな具体的施策に落とし込み，2010年代には関税をほぼ全面的に撤廃，物流網・通関等のビジネスインフラ面でも規格統一を図るなど，本格的な協働を活発化していった。実際，ASEAN各国の経営者もASEANを1つの経済的有機性を持った“地域”と捉える理解はしばしば言及されるところであり，実際に域内諸国間での直接投資にも着手している。中国の人件費高騰や政治的リスクを避けるために「チャイナプラスワン」としての候補地としてASEAN諸国に注目が集まった時期でもある。

　一方の日本はこの間，バブル崩壊以降の慢性的なデフレ・不況に加え，2008年のリーマンショック，2011年の東日本大震災等の経営環境の変化に苦しみ，大きな攻めの一手を打つことができない時期を過ごした。そして2020年初頭，新型コロナウイルスという未曽有の危機が世界中を襲った。産業構造が大きく変化し，これまでにないほど外圧的な変化要因が強まった。今こそ日本企業は，こうした外圧を契機とし，これからの時代を乗り越えて成長していくための，主体的に“仕掛ける”海外戦略という考えが不可欠なのである。

コラム8　浸かってもタイ

　2012年1月，長い友人である保険会社現地法人のMさんと帝国ホテルで会った。お互いの近況を報告した後，「タイは洪水で大変ですね。どうなるのでしょうか。もうだめですか」と心配そ

うに言われた。

「いや，全然大丈夫です」と私は答えた。「今回も滞在中に三菱UFJモルガンスタンレー証券主催の新春投資セミナーで話しますが，タイトルが『洪水から復興するタイ』です。まだ復興の最中ですが」

2011年の大洪水で浸水した地域。3ヵ月以上水がひかなかった地域もあった＝タイ，ナコ

「どうして復興するとわかるのですか」とMさんは尋ねられた。

私は答えた。「ホンダ，トヨタ，ニコンなど大手日系企業は軒並み大きな痛手を受けていますが，つまるところ移転できないのです。設備は発注すればいつかは納期がきますが，人間はそういうわけにはいかないからです。ホンダなら半世紀近くタイのアユタヤで生産管理，人事，労務，経理，財務とあらゆる部署のタイ人が何万人単位で育っているのです。半世紀かかって育てた彼らが，来月，インドネシアに行けと言われて行くでしょうか？　彼らは日本人と同じ稲作民族なのです。土地にへばりついてきた人たちです。おそらくタイ東部に工場を移転するといっても，全員は来ないでしょうね」

「なるほど，つまり『浸かってもタイ』というわけですね」

私は膝を打った。「それいただきました。ただし出典については某社のMさんだと言いますから」と言って別れた。

数日後，三菱UFJモルガンスタンレー証券新春投資セミナーで

水がひかない地域では，住民たちはゴムボートを活用していた＝タイ，ナコンパトム県

多くのファンドマネージャーを前にしてタイの現状について話した。

結論は「浸かってもタイ」。

満を持して締めくくった。シーン。見事にすべった。横でアナリストのMさんが苦笑しておられた。

第**II**部

実践編

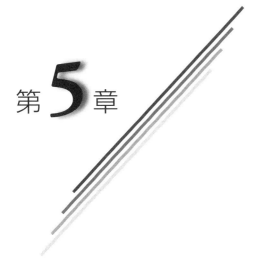

第**5**章

案件組成
―パートナー探索～案件化

M&A実行のプロセスは「案件組成」と「取引執行」に分かれる。

前者は，具体的な買収のターゲット企業を特定し，M&Aに関する協議を経て，取得比率や価格等の取引条件に関する初期的な合意を形成していくプロセスを指している。対して後者は，デュー・デリジェンスの実施，そして各種契約の締結から取引の執行（クロージング）まで，すなわち案件組成段階で形成された初期的な合意について，これを契約として具体化していくための交渉を行い，取引として執行していく過程をいう。

本章では，前段の「案件組成」をテーマとして扱う。

5-1　良い案件は待たずに"掘り起こす"

日本企業を買い手側，海外企業を売り手側と想定するクロスボーダーM&Aを議論する際にまず知っていただきたいことは，良い案件は（待っていても）出てこないということである。

その理由は大きく，以下の2点である。

アセアンM&A市場の低流動性

1つ目の理由として，「アセアンM&A市場の低流動性」が挙げられる。これは概して欧米あるいは日本と比べて低い。

会社を売るという選択肢に総じてネガティブな印象を持っていること，同族経営が多いことから，外部の者に全部あるいは一部であれ，自社の所有権を渡すということに対する抵抗感も強い（心理的抵抗感とメンツ）。また，先進国と比べた場合，経済が全体として成長軌道にあることから，成長戦略としてのM&Aを検討する必要性を感じていないこと

が多い（戦略面）。

　したがって，財務的に良好，つまり経営が"うまくいっている会社"ほどM&Aを検討しない（財務面）。逆も然りである。コモディティ化や競争激化等によって戦略的に手詰まり状態に陥っている企業，あるいは財務健全性の悪化によって銀行融資が受けられなくなった企業の案件というのが，いわゆる"売り案件"においては散見される。

　かつての日本もまた，そうであった。日本のM&A史を振り返れば，1977年に伊藤忠商事に吸収合併された安宅産業の事例に代表されるように，M&Aというのはもっぱら「再生・救済」を目的としたものであり，どうしてもネガティブな印象があった。株式を市場に流通させている上場企業に対する買収提案すら，ハゲタカといった修辞でナイーブに反応されメディアを賑やかしていたのが，ほんの十数年前の日本社会である。

　しかし，バブル崩壊を経て経済成長は著しく停滞し，一方で市場成熟にともなって競争環境は激化している。つまり，オーガニックな手法だけをもって成長戦略を描くことが構造上，難しくなってきたということだ。こうしたマクロ的な構造は業界を問わずに日本企業が直面している課題であり，そうした外部要因もM&Aを通じた合従連衡を促進してきた。

　また中堅・中小企業においても，高度経済成長を牽引してきた団塊世代のオーナー経営者たちが70歳前後を迎えるなか，M&Aに対する見方も様変わりした。事業承継というテーマが社会的に認知され，廃業ではなく，経営のバトンを手渡すことで，企業が培ってきたノウハウ，雇用を守ることができる有効な手段として認知されるようになってきていた。それが近年，日本国内においてM&Aが活発に起こってきた理由である。

　対して，おしなべてASEANでは，こうした課題に直面している企業の割合が低い。したがって，そもそも絶対数として，M&Aが売り主起

点で検討された場合においても，協議の端緒となる機会に乏しいということであり，M&Aを“市場”と見た場合における流動性は著しく低い。この点，本邦市場との差分を理解することが重要である。

　また，M&A取引に関するアドバイザリー業務を洗練された水準で提供できる現地プロフェッショナルの絶対数も，欧米や日本等に比べれば依然として限られている。M&Aアドバイザリー業務は投資銀行業務であり，例えば直接金融が未成熟の時期に間接金融（融資）によって経済成長を支える商業銀行の業務や，あるいは弁護士，会計士等の士業とは全くもって求められる実務知見も職能も異なり，したがって市場に参画するプロフェッショナルの質と量を確保するためには，一定の歳月における知見の蓄積と伝承，育成を欠かすことができない。

　こうした背景から，オーナーとしては事業承継の課題があったとしても外部に相談できないことも多く，よほど差し迫った事情がなければ案件化される機会に乏しい。

言語的・地理的な隔絶性

　2つ目の理由は，「言語的・地理的な隔絶性」である。仮に，ASEANのある国の優良企業オーナーが会社あるいは事業を売却することを考えたとしよう。売り手から見て，言語的・地理的に隔絶した外国企業と協議を行うというのは，参照される法体系，資料の言語，時差，商習慣や言語の違いによる交渉コストなど，さまざまな観点から難易度は高くなる。

　また，すでに述べたとおり，ASEANにおいてはM&Aに対するネガティブな印象がまだ強い。自社が売りに出ているという情報の拡散を避けたいオーナー・経営者ならば，まずは同じ国の現地企業に打診し，協議を進めるというのが自然になる。また，海外企業に会社や事業を売る

というのは，心理的にもハードルが高い。いずれの点も，日本企業の
オーナー・経営者の視点に置き換えてみればよく理解できるのではない
かと思う。

　それでも売り手が積極的に売却に動き，かつ日本企業にまで話が入っ
てくるようないわゆる"売り案件"は，経営全般，財務や内部統制に重
篤な問題を抱えている企業しかない。しかし，ただでさえ難易度が高い
海外M&Aにおいて，経営上の問題を抱えている会社を買い，ターンア
ラウンドするということが日本企業にとって現実的であろうか。筆者は
常々，「"売る"という会社を買うのではなく，"売らない"という会社
を買いに行くべきである」と申し上げているが，それはこうした理由に
基づく。

　つまり，「よい案件」の情報が遠く離れた日本企業に入ってくるとい
うのは，例外に例外が重ならなければまず起こり得ない。率直に言えば，
日系の金融機関を経て持ち込まれているM&A案件などは，十中八九，
現地で買い手がつかなかったような筋悪の案件である。この点について
は，実際にクロスボーダーM&Aの実務に関わっているアドバイザーや
事業会社担当者からすれば，全く異論はないかと思う。

5-2　売り手起点のM&A

　ここで，売り手が主体的な判断によって，M&Aの検討を開始するに至った場合のプロセスを説明する。本書は主として，日本企業が買い手となるクロスボーダーM&Aを想定しているが，交渉の鉄則は相手を知ることである。相手方たる売り手の視点を理解することは，買い手として注意すべきポイントを確認するうえでも大いに役に立つ。

相対型と入札型

　まず，M&Aを検討するに至った（潜在的な）売り手は，特定の相手方に対して個別に打診・協議を進めるか（相対型），あるいは特定複数の相手方に対して同時並行で打診・協議を進めるか（入札型）を選ぶ，というのが大まかな分類になる。売り手起点かつ相対型の場合，そもそも外国企業たる日本企業に打診される可能性は限りなく低いということは，前節ですでに述べたとおりである。

　一般に，この選択は案件化の蓋然性および交渉上の地位，情報拡散のリスクといった要素を天秤にかけて行われる。すなわち，売り手の視点から確率論的に考えれば，多数の相手方に対して同時並行で打診，協議を行うほうが取引につながる蓋然性は高まり，代替候補が確保していることによって交渉上の立場は一般に強くなる。

　M&Aは通常の商取引と比べ，通常，多くの資金を必要とすること，検討から実行にかけて人的リソース・工数を投入する必要があり，取引手続き上の必要性からFAや弁護士，会計士等の専門家をアサインする予算がかかること，そして経営統合の負担がかかること等の理由により，

買い手から見ても高頻度で行えるような取引ではない。また，事業全体が取引の対象となるため，その売買に関して合意すべき事項も多岐にわたることから，仮に協議が進展したとしても合意に至ることは容易ではない。

　ここで，経済合理性を優先する売り手は，交渉上優位な立場を得ることを目的として，複数の相手方への打診と協議を並行して行うということになるであろう。例えば，価格1つとってみても，入札で売り手を競らせることで，より好条件を引き出しやすくなる。また，時間軸という観点からみても，交渉上の主導権を握りやすくなる。売り手側のFAとして，「オタクでなくても他に候補はいますよ」という状況をつくるのは，交渉を優位に進めていくうえでの鉄則である。

　一方で，複数の相手方に対して打診，協議を行うことで，自社が「売りに出ている」という情報が拡散するリスクも高まる。M&Aの実務において，売り手はあらかじめ秘密保持契約の締結を行うことで，自社が売却を検討している事実を含めて，以降に開示する自社内部情報の保護を図る。しかし，情報というのはどこから漏れるかはわからない。メディアにすっぱ抜かれ一般に知られるところとなるリスクだけではなく，業界内部で噂話にもなりうる。

　そもそも，秘密保持契約というのはあくまで取得した情報の目的外利用を禁じるものであり，物理的な資料については閲覧の態様を限定し，あるいは交渉決裂の場合は破棄または返還を求めることはできるが，記憶から消せということはできない。その意味で，例えば普段から緊密な取引のある得意先等に対しては，むしろ打診がはばかられることもある。ひとたび打診を受けた買い手候補としては，仮に自社が買い手として応じることを見送ったとしても，相手方が売却を検討しているという事実を念頭に入れたうえで，今後の関係を考えるだろう。場合によっては，

新規の取引に抑制的になるということはありうる。

　特に，財務面が良好な会社，つまりうまくいっている会社ほど，事業承継の課題があったとしても面子の問題から外部に相談できないことはある。

M&AのプロセスとFAの役割

　ここで，M&Aの案件執行のプロセスとFAの役割を一般的なプロセスに沿って概観しておく。

　まず，入札型の場合，潜在的な買い手候補複数社の意思決定者にアクセスするネットワークの確保，プロセス全体管理の便宜，そして諸条件に関する専門的助言の提供を得るため，潜在的な買い手候補への「打診」の段階からFA（ファイナンシャル・アドバイザー）が起用される。FA業務を提供しているのは，投資銀行あるいは証券会社の投資銀行部門，またはM&Aアドバイザリーを専業で行うブティック・ファームが中心である。

　FAはM&Aに関わるプロフェッショナルとして，M&Aプロセス全体を管理し，クライアントの利益のために各種助言を提供する。FAはアドバイザリー業であり，取引の片側と契約を締結しフィーを受領する点で，売り主・買い主双方と契約を締結するM&A仲介とは業容が異なる。M&A仲介はあくまでマッチングを機能として提供しており，法の一般原則である双方代理の禁止を引くまでもなく，フィーを双方から受領したうえで提供するという役務の構造上，本来的な意味での"助言"はなしえない。

　一方，相対型の場合，協議の相手方となる買い手候補の数が限られていることから，ネットワークおよびプロセス全体の管理の必要性は相対

的に小さく，したがって打診段階でFAが起用されるかはケース・バイ・ケースである。しかし，遅くとも協議が発展し，価格等の条件を具体的に協議，交渉していく段階になると，やはりFAが起用される。

　一部のコングロマリット等の例外を除けば，売り主にとって「会社（あるいは事業）を売る」という取引は初めてであることがほとんどであり，万一経験があったとしても2度目，3度目といったところだろう。仮に経験豊富なコングロマリットであったとしても，M&Aの専門家として日々業務に従事している実務家（※買い手側も協議進捗に応じて自分たちのFAを起用する）を相手にまともに交渉することは難しい。

　したがって，売り手側の経験の多寡を問わず，いずれの場合においても売り主としてM&Aの専門家たるFAを起用することで協議，交渉において自分の身を守る必要があるためだ。特に自社株式を市場に上場しているような企業（＝上場企業）においては，会社の支配に関して多大な影響を与えるM&A取引につき，株主に対する経営上の説明責任が求められる。こうした背景から，M&Aの検討から交渉の手続全体に関する適正についての説明責任を担保するため，FAを起用することが欠かせない。

　買い手の場合は，遅くとも意向表明（※後述）に関する書面の作成・提出前の段階で，FAを起用することになる。ただし，後に述べるとおり，買い手として「能動的な案件探索」を行おうとする場合に，オーナー・経営者といった意思決定者にアクセスできるネットワークと，財務およびストラクチャリングに関する知見等を補完するために，M&Aの検討開始段階でFAを起用することを推奨する。

　案件を受任した売り手側のFAは売り手候補の初期的な財務分析を行うとともに，売り手が売却を検討するに至った取引上の目的，価格や時間軸に関する条件等を確認し，想定される取引スキームを検討し，今後

のスケジュールを確認する。そのうえで，企業概要および事業概要（売上規模，利益水準，資本構成，主要顧客，主要設備等）を取りまとめた資料，通称ノンネームシート（Non Name Sheet，またはTeaserともいう）を作成し，ネットワークを活用して潜在的な売り手候補へのアプローチを開始する。この段階で提供される情報はあくまで初期的な関心の確認のための概要レベルの情報にとどまり，特定につながりうるような固有名ならびに定量情報の開示は抑制的となる。

　売り手は，FAを通じて初期的な関心を確認した買い手候補に対しては，秘密保持契約（NDA：Non-Disclosure Agreement，またはCA：Confidential Agreementともいう）を締結のうえで自社名を開示し，M&A検討の便宜のため，より詳細な内部情報を提供する。ここには，例えば主要顧客別の売上高，今後の事業計画に関する財務数値などの情報が含まれ，売り手側のFAはこうした情報の整理，提供に際して助言と整理を行う。ここでいう詳細な内部情報を1つに取りまとめた資料は通称インフォメーション・メモランダム（IM：Information Memorandum）と呼ばれる。

　案件情報を記載したIMに加えて，プロセスレター（Process Letter）が作成されることもある。プロセスレターには，買い手がM&Aに関する協議を進めていくうえで守るべきスケジュールが期限を添えて記載される。特に複数の買い手候補に打診を行う場合，プロセスレターを供することで，売り手としては協議の進捗段階別に買い手候補として定めた各社をふるいにかけていくことができる。

　M&Aの協議・交渉プロセスにおいて，意向表明は売り手・買い手双方にとって重要なイベントの1つである。プロセスレターが用意される場合には，意向表明の期限が記載されることも多い。意向表明とは，M&A案件に関する協議を継続していくことに関する"事実上"の共通

認識を，具体的な条件の大枠（価格等）を添えて表明する行為である。意向表明を書面化した資料は意向表明書（MOU：Memorandum of UnderstandingまたはLOI：Letter of Intentという）と呼ばれる。

ここで，LOI（又はMOU）はあくまで事実上の合意を確認するものであり，秘密保持義務や後続するデュー・デリジェンスへの協力義務等の一部の規定を除いて法的拘束力を持たせないという実務が確立されており，そうした理由からノン・バインディング・オファー（Non-binding offer）とも呼ばれる。ただし，あくまで事実上の合意であるとはいえ，以降のDD実施，その後の各種条件協議のベースとして参照されるべき書類であることから，M&A取引の交渉という観点からは大変重要な意味を持っている。この段階では，特に取引の価格に関する点が大きな争点となり，価値評価（バリュエーション）から価格交渉まで，M&Aの職業的専門たるFAが果たす役割は大きい。

その後，法務，財務等に関するデュー・デリジェンス（Due Diligence：DD）を経て，株式譲渡契約（Share Purchase Agreement：SPA）等の最終契約（Definitive Agreement：DA）が書面として締結され，当該最終契約にて明記されたクロージング要件（Condition Precedent：CP）を充足することで，案件はクロージングに至る（すなわち，一連の交渉を経た末のM&A取引の目的である株式，あるいは事業に関する支配権が買い手に移転する）。

通常，買い手としては意向表明の提示期限は遅いほどよい。というのも，M&Aにおいては常に，買い手と売り手の間に情報の非対称性が存在し，一方で買い手は売り手から提供される断片的な内部情報に基づいて提案内容を検討しなければならないからである。特に意向表明，後続するデュー・デリジェンス実施前において，買い手がアクセスできる売り手の内部情報は限定的である。こうした状況において自社戦略から見

た適合度，そして価格を始めとする諸条件の経済合理性について熟慮を
重ねようとするならば，期限は遅ければ遅いほどよいといえるだろう。

　しかし，売り手としては早く判断を仰ぎたいと考えるのが常であるし，
また期限を定めず，なし崩し的にプロセスが遅滞するということも甘受
しがたい。ただし，拙速に進めたがゆえに協議に応じる先がいなくなる，
ということは何としても避けなければならない。ここで，売り手を支援
するFAとしては協議の開始時点においてあらかじめ時間軸を明示する
ことで交渉の主導権を握り，一方で買い手候補が現実的に検討できる最
短の日程を実務経験と個別具体的な状況に即して提示することで，売り
手として一定の期限ごとに買い手候補をふるいにかけていくことを狙う
のである。

IMができる前に協議を開始せよ

　M&Aに"馴れた"日本企業には，買い手がIMの用意されていない案
件に対してことさら及び腰になることがあるが，これは全くの逆である。
IMがないと言われたなら，むしろ喜んだほうがいい。相手が置かれて
いる状況を考えるというのが，M&Aに限らず交渉事に臨む際の鉄則で
ある。

　ここで，IMが用意されているということは，そこにパッケージ化さ
れた情報はほぼ間違いなく他の買い手企業にもすでに提供されていると
目算がたつ。それはつまり，買い手からみれば自分たちはあくまで候補
先の1社でしかないということだ。それが交渉上の主導権，その均衡に
ついて考えるとき，買い手にとってはよい状況とはいえない。

　日本企業は伝統的に，ボトムアップ式のコンセンサス重視の意思決定
を好み，かつ硬直的なコーポレート・ガバナンスを敷く。良くいえば慎

重，しかし端的にいえば遅過ぎる。少なくとも，グローバルで見た企業経営のスピード感とは著しく乖離していると言わざるを得ない。だから，仮に良い案件を得る機会があったとしても，日本企業が延々と議論を尽くしている間に，迅速にトップダウンで意思決定を行う外国企業にスピードで競り負ける。

　「早急に改めよ」と言いたいところではあるが，一方でこうした組織的な文化を改めることは容易くはない。ならば，案件の端緒においてまず先んじて売り手と相対的な協議を進めることで，事実上の独占的な交渉者という立場を築くことが戦術的には理にかなっている。

　したがって，「IMができる前に売り手候補と協議を開始せよ」というのが，日本企業が買い手としてクロスボーダーM&Aを協議，推進していく際の望ましい状況ということになろう。

「良い案件」は出てこない

　筆者が日本企業のM&A担当者と面談すると，「良い案件があれば紹介してください」というようなことをまま言われる。文脈にもよるが，こうした発言は実務家からすれば2つの意味でナンセンスである。

　まず，すでに述べたとおり，ASEANではそもそもM&Aが売り主起点で検討され，協議の端緒となる機会に乏しい。背景には，M&A市場の未成熟性があることは確認した。レピュテーションリスクを懸念する売り手は，複数の買い手を競わせることで交渉上優位な立場を得ることよりも，情報の拡散に対する懸念を少なくするため，個別（あるいは少数）の相手方との相対協議を好むであろう。

　この場合，日本企業に対して当初から話が持ち込まれる可能性は，（従前からオーナーと直接の知己がある，あるいは案件規模に鑑みて

ローカル企業ではとてもオファーできないといった例外的な場合を除けば）ほぼゼロに近い。オーナー・経営者としては，自分と同じ国に本拠を構えて事業を行っており，顔と名前を知っているごく限られた買い手候補に対して，直接またはFA等を通じて間接的にまず打診を行うであろう。そうすると，必然的に「よい案件」というのは，日本企業のもとに情報が来る前にローカルの中で買い手がついてしまうのである。

　ここで，そもそも「良い案件」というとき，戦略的なM&Aの活用についての経営的ノウハウが依然として不足している日本企業では，ここでいう「良い案件」がどのような基準を指しているのか，という具体の戦略的要件に対する問いに対して，明示的な解を持っていないことがほとんどである。この点に関しては，実務上どのように戦略的要件を定め，売り手候補にアプローチを行うべきかを次節以降で解説するが，ここではひとまず，戦略がクリアでなければ，当然その実行が促進されることはない，ということを申し上げておく。

5-3　買い手起点のM&A

パートナー候補の探索

　現地パートナーとのM&A等による協業を希望する日本企業にとって必要なのは，能動的にパートナー探索を行うということである。前節で述べたとおり，ごく例外的な場合を除いてASEANにおいて "良い案件" は出てこない。そこで例外を待つ，というのは経営として戦略的とはお世辞にもいえない。"雨乞い" をしているのと同じである。

　この能動的なパートナー探索のプロセスを，KCPでは「パートナー探索プロジェクト」と呼んでおり，設立以来一貫してクライアントに実務手法として提供し続けてきた。筆者が本書を通じて日本企業の方々に伝えたいと考えたKCP流「海外事業 成功の方程式」とは，一言で申し上げればこのパートナー探索プロジェクトについてこれまで蓄積してきた実務知見のエッセンスであり，机上の空論ではなく，実践で磨かれた具体的な方法論として活用いただけると自負している。

　パートナー探索のアプローチは，M&Aの検討時点において，すでに明確にターゲットが定まっているか，あるいはそうでないかによってアプローチ手法が2通りに分かれる。

① 　ターゲット・アプローチ…ターゲットが定まっている場合

　　当該企業のオーナー，経営トップに接触・面会し，協業（M&A等）の提案を行う。

② 　ロングリスト・ショートリストアプローチ…ターゲットが定まっていない場合

　　パートナー候補に求める外形的要件（売上規模，業界・業種，設備，

拠点・店舗数等）を定めたうえで，候補となりうる企業群を洗い出す（＝ロングリスト）。その後，定性要件等による追加的な評価・スクリーニングを経て（＝ショートリスト），各候補先のオーナー，経営トップに接触・面会し，協議を通じて各候補先の評価を行い，最終的に選定した1社または数社に対し，協業（M&A等）の提案を行う。

以下，それぞれについて順に解説する。

ターゲット・アプローチ

「ターゲット・アプローチ」を採用できるケースは，海外，とりわけASEANのような新興国において日本企業がパートナー探索を試みる際には限定的である。日本企業にとって，本邦市場に比べて一次情報が圧倒的に不足しており，そもそも候補となりうるプレーヤーも含めた全容に関する土地勘が不足している。したがって，経営戦略の文脈において戦略的パートナーを論じ，個別具体的な候補として特定するに至っていないことがほとんどだからだ。

　国内であればすでにそれぞれの業界にネットワークを有し，業界における競合他社，サプライヤー，市場情報，さらには有力な経営者や営業担当者まで，たいていの情報は頭に入っているだろう。しかし，土地勘が一切ない海外においてはこの前提が全く異なる。したがって，現地で事業を行う企業を，現地市場におけるプレゼンス，競合と比較した場合の強みと弱み，経営者の質・素養，といった個別具体的な条件によって絞り込み，自社の戦略的パートナーたりうる企業として，これを経営戦略の文脈において個別に特定する，ということは非常にハードルが高い。

　こうした状況は，現地で長年にわたって事業を行う日本企業であって

も，ほぼ変わるところがない。これは決して日本企業担当者の怠慢ということではない。M&A等の戦略的パートナーシップを模索する，ということ自体がそもそも非定常的な業務であり，平時はそうした角度および視座でもって現地市場および企業を分析し，かつまとまった情報が不足する現地市場および候補企業に関する有益な情報を取得する機会に乏しいからである。

ロングリスト・ショートリストアプローチ

　ターゲットが定まっていない場合（すでに述べたとおり，ほとんどのケースがこれに該当する）においては「ロングリスト・ショートリストアプローチ」によるパートナー探索を行うことになる。プロセス自体は至ってシンプルであり，自社の戦略と展開を検討していく事業領域に関する"初期仮説"に該当する要件に基づいて網羅的に現地企業をリストアップする。これがロングリストである。

　ロングリスト作成のコツとしては，必ずしも戦略的な仮説＝仮の答えとして導いた一領域に絞るのではなく，シナジーが見込める，有益な意見交換が見込めるなどの理由も加味し，近接領域も含めて幅広に選定することを心がけるとよい。この段階で行うべきは候補企業の洗い出しであり，可能な限り抜け漏れがないようにすること，かつ先入観からパートナー候補として射程に入れる企業を絞りすぎないことが望ましい。

　洗い出した企業の取捨選択は，後述するショートリスト作成の段階においていくらでもできる。後々参照する必要ができた，あるいは別の角度からも検討したい，といった状況が生れたときに手戻りがないようにするというのも理由の1つだが，結果的にパートナー候補群から早々に脱落したとしても，横断的に情報収集を行うことで全体像を俯瞰するの

に資するというメリットがある。

　このようにして作成したロングリストを取扱製品・商品またはサービ
ス，設備等の定量的情報に基づいてスクリーニングを実施し，初期的な
パートナー探索企業群として整理したもの，これがショートリストであ
り，パートナー候補探索プロジェクトの発射台となる。

"徹底的に会う"―学習・蓄積される一次情報と暗黙知―

　リスト作成において重要なのは，初期調査と初期仮説に闇雲に時間を
かけないということである。その意味で，候補企業について抜け漏れが
なく，各種財務指標を網羅的に収集した"完璧なリスト"を当初から作
成しようとしないことだ。情報源が限られている一方，常に一定の期間
内で成果を積み上げることが求められる企業経営の現場において，こう
した資料本位仕事の進め方は全くもって実務的ではない。限られた情報
の中から，その時点で最も確からしい仮の答え（仮説）を設定する，活
動の過程で情報収集を継続し機動的な軌道修正を行う，というアプロー
チが実践においては欠かすことができない態度である。

　同時に，一次情報が不足する海外市場において日本企業が仮説を立て
ようにも限界があることについては，自覚的でなければならない。百戦
錬磨の経営者や熟練のコンサルタントであれ，初期段階で導く仮説が発
射台として相応の確からしさを担保できるのは，そこに至るまでの膨大
な一次情報，思考と分析，そして経営的判断の蓄積があるからであり，
その前提が存在しない海外においてはより慎重であるべきというのは，
繰り返し述べてきたとおりである。

　自社の海外事業の現状について，とにかく漠とした課題意識はあるが，
どこから手をつけてよいかわからない，という日本企業は大変多い。そ

うした相談を受けたとき，筆者は常に現地企業のオーナー，経営者と「徹底的に会う」べきだ，と進言している。それは，一次情報が決定的に不足する状況において頭でっかちな戦略を立案しても，それこそ"絵に描いた餅"にしかならないからだ。

　本当の海外市場調査とは，その業界に精通している現地オーナー，経営陣から市場をどう見ているのか，これからどう成長していくと考えているのかについて生の声を聞くことにしかないと筆者は考えている。現地オーナー，経営者の意見の積み重ねこそが市場調査なのだ。つまり，戦略を練るにもまず戦場を己の身でもって知るべきであるということである。

　具体的には，当地の同業他社10社程度，ときには30社に及ぶオーナー，経営者の方々と徹底的に面談を行う。その過程において膨大な一次情報が暗黙知も含めて，自社の知見として蓄積される。海外事業を行っている日系企業，海外経験のある日本人ビジネスパーソンはいくらでもいる。だが，「現地主要企業のオーナー，経営者と徹底的に会ってきました」という日本人にお目にかかったことがあるだろうか。残念ながら，まずお目にかかることはない。したがって，こうした活動に意識的に取組み，その過程でネットワークと知見を蓄積することは，単にM&Aや協業パートナーの探索といった枠組みを越えた価値ある無形な財産となるのである。

　なお，筆者の経験則に基づく暗黙知として断言するが，然るべきプロセスを踏めば，必ず縁と運というのは訪れる。M&A，協業パートナーの探索という観点からは，こうしたパートナー探索活動を続けていると，後継者問題がある会社，技術を必要としている会社，財務上の問題のある会社，日系企業に販路を求めている会社も必ず見つかる。

　ASEANにある現地企業のオーナーが共通してもっている課題がある。それは，日本企業の顧客獲得に苦労しているということだ。日本企業の多くは細かい技術の打ち合わせ，クレーム処理など，日本語で打ち合わ

せをしたいと思っている。現地企業とお互いに下手な英語，現地語で商談をしたくないのだ。そこにチャンスがあるわけだ。そうしたすでに仕入先，顧客，設備，エンジニア，セールス，バックオフィス機能のある企業と，最適なスキームで協業する。これが，パートナー候補探索プロジェクトを通じて得られる成果である。

オーナー，または経営トップに会うのが鉄則

　パートナー候補探索プロジェクトの鉄則は，必ず相手方企業の意思決定者であるオーナー，あるいは経営トップに会うことである。M&Aというのは会社の支配権の異動をともなうという取引上の性質から，自ずと会社を「所有」しているオーナーしか意思決定者たりえない。

　したがって，能動的なパートナー探索を行う場合も，交渉の端緒時点からオーナー，最低でもオーナーから「経営」を委任されたCEO（最高経営責任者）あるいはそれに準ずる地位にある人物に対してコンタクトを行わなければならない。特に，新興アジアにおいては大手財閥から中堅企業まで，同族経営が多い。現地の証券取引所に株式を上場している企業であっても，実質的に過半数を同一のファミリーが保有しており，役員の顔ぶれをみると同じくそのファミリーが名を連ねているということが頻繁に見られる。

　意思決定者であるオーナー，あるいは経営トップに会うというのは地域や国を問わず，M&A案件組成のアプローチの大原則であるが，"言うは易く行うは難し"というのが現実である。まず，海外においては国内に比べてネットワーク，コネクションが圧倒的に不足するのが常である。そうすると，そもそもオーナー，あるいは経営トップに何らかのツテを使ってアプローチするということができない。これが第一の難所である。

　次に，仮にアプローチすることに成功したとして，その次につながるようにその場の議論をリードし，その後のスケジュールとマイルストーン，会議のアジェンダ（議題）を定め，そして最終的に案件をクロージングまで導くためには，自分たちが何を求めているのか，そして相手に対してどのようなベネフィット（利点）があるのかを伝え，信頼関係を醸成しながら「（会社を）売る」と言っていないパートナー候補から合意を引き出さなければならない。この一連の過程には，非常に繊細かつ熟練したコミュニケーションと，M&Aに関するファイナンス上の論点や取引実務に関するテクニカル面の専門的知見が要求される。

　また，日本企業においてはボトムアップ式，協議型の合意形成（いわゆる"稟議制度"）が一般的であり，その場合は役員会，その前の"根回し"段階における社内各所へのレポーティングにおいて，十分に相手から情報を引き出すことが欠かせない。こうした日本企業的なプロセスはともすると，現地企業のオーナー，経営者には冗長に映る。こうした点も含めて納得いただけるよう説明を図り，信頼関係を構築することもまた，クロスボーダーならではの難しさがある。

　「オーナー，経営者に徹底的に会う」というのは極めてシンプルな方法ではある。しかし"言うは易く行うは難し"だ。このネットワークを提供する，というのもM&Aアドバイザーの重要な機能である。

M&Aの案件組成（オリジネーション）は総合格闘技

　M&Aアドバイザーの提供価値は，企業価値の算定からスキームに関する助言等，テクニカルな要素が注目される。しかし，そうしたテクニカルな知見のみがすべての機能ではない。

　とりわけクロスボーダー案件の案件組成段階におけるアドバイザーは，

クライアントの戦略を理解し，そのうえで現地パートナー候補およびその意思決定者を特定し，協議の端緒をアレンジし，以降の交渉の取りまとめを支援できるような幅広いビジネス理解，交渉力，説得力を備えたプロフェッショナルである必要がある。そのとき求められるのは，現地ネットワークとM&A取引に関する専門的知見を総動員した伴走型の支援である。

　しかし，こうした案件組成（オリジネーション）段階における事業開発的な立ち回りはまさにビジネスモデルと市場の理解，財務，法務に関する知見と交渉（クロスボーダー案件なら語学力）も試される，まさに総合格闘技であり，単に"数字に強い"M&Aアドバイザーでは太刀打ちできない。

　こういう事例がある。ある大手日系企業は，海外戦略において競合他社に遅れをとっているという問題意識から，現地に駐在員事務所を構えて，ASEANでの事業展開を目指していた。試行錯誤の結果，M&Aしかないと判断し，現地に拠点を有するある日系証券会社にM&Aターゲットの発掘をXXXX万円で依頼した。しかし，アポイントの取得さえも難しく，面会の約束ができたとしても会議の場に出てくるのは一営業員であり，全く具体的な協議をすることはできなかったという。M&Aターゲットの発掘を依頼した日系証券会社は半年後，膨大な企業分析と面談記録をまとめたプレゼンテーションを納品したが，要するにそこに書いているのは「買収可能な候補先は存在しない」ということであった。

　その後，弊社が同様のスコープで依頼を受けたが，結果的に15社近い現地企業のオーナーと面会し，業界トップ2社と具体的に資本提携の可能性について協議を進めることになった。手前味噌だが，小規模なアドバイザリーファームながらも弊社がASEAN企業のオーナーとコンタクトすることができるのは，蓄積されたネットワークや交渉術，ノウハウ，そして大手を含む数々の日系企業を支援してきた実績があるからだと考えている。経営に関する話題としても最もセンシティブな議題といって

よいM&Aに関してオーナーへの接触を申し出る場合，組織や個々の担当者の現地における実績，人的ネットワークなしには応じてもらえない。

アプローチ時の留意点

アプローチの初期段階において，特にターゲットが既存取引先，協業他社であるときなどにおいては，自社がパートナー探索（M&Aターゲット）を行っているという情報の拡散を防ぐことについて十分に配慮する必要がある。自社がパートナー候補を探索しているという情報は，その背後にある戦略自体の漏洩につながりかねず，そうでなくとも推測を呼ぶことになるであろう。

そのため，コンタクト時点においては“カバーストーリー”が用意されることがある。カバーストーリーとは，要するに“表向きの理由”ということである。しかし，例えば意図が全くわからないよう偽って，不意を突くかのようにM&Aを提案するというのは信頼関係を毀損しかねない。ただし，自社がM&Aを検討しているという情報は可能な限り拡散を防ぎたく，したがって相手の初期的な関心が確認できた段階で説明したい，というニーズも理解できる。

そこで折衷策として，「今後のXX国でのXX事業展開のためのパートナーを探しており，ぜひ一度，情報交換をお願いしたい」というように間口を広く構え，相手の初期的な関心を確認したタイミングで「貴社との協業に関心があり，具体的なスキームとしてはM&Aを想定している」というような具体に踏み込む，という戦術を取ることなどが考えられる。いずれにせよ，どういうカバーストーリーが正解かは，個別の状況と相対者の性格等により異なりうる。

ここにもM&Aアドバイザーを活用するメリットはある。弊社のよう

なM&Aアドバイザー経由でパートナー候補の意思決定者に直接アプローチすることは，間違いなく買収・出資を含む提携，あるいは合弁等の"資本提携"を検討しているシグナリングとして働く（なぜなら，それがM&Aアドバイザーの唯一の生業だからである）。

　したがって，面談に応じた企業はあらかじめこのようなアプローチの経緯も頭に入れ，まずもって資本提携を視野に入れた協業に関する意見交換，というHidden Agenda（"隠れた議題"）を理解したうえでその席に望んでいると考えてまず間違いない。

　前述のとおり，ASEANでは"会社を売る"ということについて依然として後ろ向きである傾向が強い。しかし，オーナー経営が多いからこそ，深刻な事業継承問題や，さらなる成長のための戦略的パートナーを必要としているというような固有の事情を抱えていても，誰とも相談できないのだ。

　今や，グローバル経済の競争原理と無縁の国はない。ASEANであっても，国内企業間の競争に加え，欧米，日系企業を含む"外資"企業の参入によって，近年ますます，厳しさを増している。そうした状況において，我々のように数多くのランドマークとなるような実績を有するアドバイザーから正しいルートと適切な作法でもってコンタクトがあれば，興味を抱いて門戸を開いてくれるのであろう。

協議・交渉時の留意点

　能動的なパートナー候補探索アプローチをとる場合の大前提として理解すべきことは，訪問する企業に売却意向があるわけではないということである。"買い手起点"のM&Aにおいて求められる交渉手法，プロセスは"売り手起点"のM&Aにおけるそれとは趣が異なる。

138

　"売り手起点"のM&Aは，すでに述べたとおり，一般に次のような
プロセスをたどる。まず，金融機関やM&Aアドバイザリー・ファーム
から売却案件が持ち込まれ，その事業，オーナーおよび経営陣，財務等
について詳細に記された資料であるIM（インフォメーション・メモラ
ンダム）が提示される。それをもとに，買い手側は対象企業の価値を算
定し，買収するかどうかの意向を確定する。買収する際は，買収価格や
スキーム等の諸条件を定めた基本合意書（Letter of Intent：LOI）を締
結し，デュー・デリジェンスの過程に入る。

　一方で，"買い手起点"の交渉においては，交渉の端緒として意思決
定者にアプローチし，まずは関係性を醸成することから始まる。そこで
は，株式評価額等の財務・取引上の価値のみならず，こちらの戦略的
パートナーあるいは買収者としての魅力を認めてもらう必要がある。そ
のため，ここで相手方に対する自社の提供価値を明確にしなければなら
ない。いわば，こちらから名乗りをあげる以上，パートナーとしての自
社の魅力づけを行うということが欠かせない。

　M&Aを前提としていない相手方オーナーとの交渉においては，現地
で求められる社会的・文化的なプロトコル（行動規範）に配慮したうえ
で議論のテーブルにつき，いかにして情報を引き出すか，そしていかに
して刺さる提案をし合意を得ていくか，という繊細で緊張感の続く局面
が続く。日本的なビジネス上の礼節・作法が相手方には逆効果であり，
むしろ心証を損ねてしまうという場合もあり，言葉の選び方1つをとっ
ても，実務集積に基づく引出しを駆使した交渉戦術が正否を分ける。

　開口一番に買収提案を行うことは得策ではない。適切なタイミングで
心理的な間合いを詰め，提案を切り出すタイミングを見計らう必要があ
る。それが，M&Aの交渉を海外企業のオーナー相手に行い，合意を獲
得するということである。特に，「所有と経営」が一体化しているファ

ミリービジネス，オーナー系企業の場合，提案内容・取引条件はもちろんのこと，相手方の社風，担当者の人となりも含めて判断しようと考えるのが常である。

　現地で実業を行っている彼らにも面子があり，適切な対応を欠けば，相手方としてもわざわざ日系企業と議論を続ける理由はない。したがって，買収側であったとしても，戦略・組織体制を含めた自社方針を説明し，魅力づけを行い，相手方の意向固めを行っていくことで，初めて合意に至ることができるのである。

　KCPが支援するパートナー探索プロジェクトでオーナーと協議を行う際は，数回クライアントとともに訪問した後に，アドバイザーである弊社単独でオーナーに面会をすることが多い。

　そこで，相手方の協業に向けた意向度，本音を聞き出し，具体の協議へ進行できるよう議論を運ぶ。協業に関する相手方の初期的意向が前向きであることがつかめれば，法的拘束力のない覚書を締結し，例えば2ヵ月，あるいは3ヵ月等の期間を設けて，2社間の協業の可能性について集中的に協議をする。

　この期間に，相手方の財務や顧客基盤，技術，人材等についた情報を入手し，分析し，議論をすることで，相手のパートナーとしての魅力度を図り，そしてこちらのパートナーとしての魅力づけを行い，相手の売却意向固めを行っていく。そして，LOIで買収価格やスキームについて合意をし，実際の買収，出資あるいは合弁組成のプロセスへ入っていくというのが大まかなプロセスとなる。

アプローチ初期段階のチェックポイント

　コンタクト以降のアプローチ初期段階において，パートナー候補の相

手方の意向度合い（あるいは魅力づけの達成度）関係性を図るチェックポイントがある。それは，①アポイントの設定，そして②情報照会の依頼に対して，それぞれ適時に応じ，適切な形に提供してもらえるかである。

M&Aの協議で相対すべきはオーナー，経営者である（できていないならば，その時点で脈なしということである）。彼らは文字どおり，会社の経営に関わる事柄全般に対する責任を担っているのであり，自社にとってのメリットが明確ではないと判断すれば貴重な時間を割いてアポイントには応じない。たとえ初回面談に応じたとしても，その場で納得させることができなければ次はない。つまり，"What's in it for me?"という相手が持っている問いを常に頭に入れたうえで，説得を図るべきである。

また，人は経済的合理だけではなく，情緒の生き物である。ほとんどの場合，こうしたオーナーというのは財産的にはすでに十分すぎるほどに財を成しており，しばしば財よりも名誉を重んじる。また同族企業，オーナー系の企業というのは，株主が不特定多数に分散する上場企業と異なり，他の少数株主に配慮した経済的合理性に重きを置く必要は必ずしもない（上場企業に対する株式公開買付の実務を参照されたい）。複数の買い手候補による入札合戦になった場合，ターゲット（売り手）企業のマネジメントとしてはよほどの理由づけがない限り，最も高い買取額を提示した企業の申し出に応じざるを得ない。

潜在的なパートナーとしての自社の魅力づけが十分にできていない場合，多忙を理由にアポイント調整を引き伸ばされる，あるいは，1ヵ月以上先の日程を提案されるということがある。当然に例外はあれど，これは要するに婉曲的に「あなた（の会社）は，我々にとって重要ではありませんよ」と言われているのである。

こうした点を念頭に入れたうえで，以降を読み進めていただきたい。

ムエタイから見えるタイの国民性

　数年前に，とあるタイ企業を訪問したときのことだった。同行していた弊社マネージャーが，高校3年間，タイでムエタイ留学をしていたということを知ったオーナーが，おもむろに面白いことを話してくれた。「ムエタイはタイ人の性格をよく表している」というのだ。どういうことかと聞くとこう教えてくれた。

　ムエタイは1ラウンド3分，5ラウンドから成るタイの国技だ。

　オーナー曰く，「1ラウンド，2ラウンドは相手の特徴やコンディションを見極めるタームであり，技を仕掛けない。本気で戦うのは3〜4ラウンド目で，そこで決着がつく。もう1ラウンド残っているが，5ラウンド目で反撃を仕掛けたり結果が覆されたりすることはほとんどない，下手にけがをしたりすると損。手をぬいて試合終了を待つ」のだという。

　ムエタイ留学をしていた彼は，そのとおりだと頷いた。私はすでにタイで20年近く生活して，たいていの文化や風習については知っていると思っていいたが，これには驚いた。日本では，たとえどれほど勝ち負けがはっきりしていようと，幼稚園児の習い事からプロの試合に至るまで，最後まで戦い抜くのが美徳とされている。だが一方で，相手を慎重に見極めてから戦い，負けがわかったら次の試合に備えるために無用なけがを避け，それ以上戦わないというのは，非常にユニークで合理的な考え方と捉えることができる。

　そしてこれは，タイ企業を相手としたM&Aの交渉においても適用できる考え方だと思った。日系企業にありがちなのが，最初から戦略や製品，財務等の詳細まで自分たちの聞きたいことを一方的に聞き，間合いを詰めすぎて，逆に警戒され距離を取られてしまうということが見受けられるのだ。

　ちなみに，タイには"生ける伝説"とも"ムエタイ鉄人"とも呼ばれるセンチャイという選手がいる。小柄だが彼に圧倒的に体格で上回っている外人を華麗に，ときにはユーモラスにノックアウトする。彼の天才的な試合を是非YouTubeで見てほしい。

5-4　M&A（買収）提案とストラクチャリング

Step 1：目的の明確化（買い手にとってのM&A検討の目的）

　M&Aにおける戦略的投資家の目的は，常に1つである。それは，M&Aを通じて自社の戦略的な目標を達成することだ。ここで戦略を考える際には，「2-2　M&Aを活用した成長戦略」で述べた一連のフレームワークを補助線とすることができる。そのプロセスを経て，M&Aを通じて自社が獲得すべき経営資源を定義する，これがM&Aの目的を明確化するということである。

　しばしば，中期経営計画の既定方針として株主にM&Aの実施を宣言するなどし，そのことによってM&Aの実施自体があたかも目的化しているような企業あるいは担当者に出会うことがある。そのように目的と手段を取り違えていると，必ずどこかで辻褄が合わなくなり，それが時に戦略的合理性に欠けるM&Aを実行する誘引となる。なお，いうまでもなく，いたずらに規模を追うようなM&Aに戦略も何もあったものではない。

Step 2：提供価値の定義（売り手にとってのM&A検討の目的）

　交渉は相手を知ることからすべてが始まる。戦略的な投資家（買い手）として，提供価値を明確にすべきであることを述べたが，そのときに訴求すべき提供価値は，相手の関心に応じたものでなければならない。この点に関して留意すべきことは，買い手たる戦略的投資家のM&A検討の動機が常に戦略にあるのに対して，売り手の動機は実に多様であり，

またほとんどの場合において複数の要素によって構成される複合的性格
をもっているということである。この点が，買い手と大きく異なる点で
ある。

　売り手の（潜在的な）動機を分析するうえでの主たる分析のメッシュ
は，①戦略，②財務，③オーナーシップ，④マネジメントの4点に集約
される。

① **戦略**…経営資源の獲得（※買い手について述べたことが同様に当て
　はまる）および処分（いわゆる「選択と集中」の一環としての事業売却）
② **財務**…設備投資や研究開発・広告宣伝費捻出のための資金調達，高
　い財務レバレッジ・金利負担の軽減・解消等
③ **オーナーシップ**…オーナーの引退にともなう事業承継，保有する株
　式の現金化ニーズ等
④ **マネジメント**…内部対立に基づく意思決定機能の不全等，組織的な
　課題に基づくマネジメント上の問題

Step 3：協業スキームの構築（Win-Win関係を実現する取引設計）

　買い手，売り手双方の目的を定義，特定した後に，初めて協業スキー
ムを検討することになる。M&Aの場合なら，100％買収か既存株主を
残存させるのか，後者の場合はマジョリティ取得がよいのかマイノリ
ティ取得がよいのか，あるいは合弁（ジョイントベンチャー）によった
ほうがより適切なパートナーシップを構築できるのではないか，といっ
た点を吟味する必要がある。

　M&Aというのは株式あるいは事業を取引対象とした「売買契約」で
ある。このとき，取得の対価としては，現金か（買い手企業あるいは関
連会社の）株式か，あるいはその両方の組み合わせを選ぶことになる。

5-5　FA（ファイナンシャル・アドバイザー）の役割

　M&Aの全プロセスを通じて，FAは専門的知見を提供することでクライアントのM&A案件検討および相手方との交渉を，関与開始した時点から契約締結，案件クロージングまで一気通貫でサポートする。ここで，改めてFAの役割・機能を整理することとし，そのうえでFA選定に際しての評価ポイントをご案内する。

役割①：価値算定と相場理解

　ファイナンシャル・アドバイザーというように，FAの中核的な役務はM&A取引における財務的観点からの助言である。特に重要なのが，取引の目的たる事業（ターゲット）の財務的価値を係数的に算定する，いわゆるバリュエーション（企業価値評価）業務である。

　M&Aと一言でいっても「株式」を取引目的にするものと，「事業」自体を取引目的にするものがあり，法的にいえば前者は株式売買，後者は事業譲渡とよばれる。しかし，いずれも価値算定の原則は同じである。コーポレート・ファイナンスにおける価値評価の実務において，ある株式あるいは事業に対する支配権が有する"価値"は「将来期間にわたって生み出されるフリーキャッシュフローの割引現在価値の総和」という定義が実務上，確立されている。FAはさまざまな価値算定の手法（コスト・アプローチ，インカム・アプローチ，マーケット・アプローチ）を考慮しつつ，当該株式または事業の取得（売却）によってクライアントが得るべき財産的価値について助言を行う。

　この点，価値とはあくまで個別の評価であり，契約において合意され

るべき「価格」とは異なるという点に留意されたい。FAが提示するバリュエーションは上で述べたとおり，さまざまなアプローチを複合的に使用し，また類似事例とも比較しながら算定していくものであるが，その結果として算定された財産的価値はあくまで1つの評価であって，唯一絶対の価値ではないということである。

　M&Aとは，本質的に会社（あるいは事業）を取引の対象とする“一物多価”の取引であるため，これこれが客観的な価値であると相手に強弁したところで，相手がそのオファーを飲む必要はないのである。また，魅力的な売り手であるほど他の買い手候補も関心を持つ可能性が高く，そうすると価格の競り合いになる。「価値」という理論的（かつある意味では主観的）な数字を複数パターン手元に用意しつつ，相手方と「価格」について合意する，というのがM&Aにおける価格交渉の肝である。実際，「価格」に関する合意はM&A実務における契約交渉の最重要論点といってよい。FAはこうしたプロセスを財務専門家として支援する。

　ここで，「価格」合意に至るためには現地の相場を理解している，ということが欠かせない。常日頃から現地のM&Aマーケットのインサイダーとして案件ソーシング，エグゼキューションの実務に従事しているFAであれば，相場観について的確な肌感覚を持っているだろう。

　また，クロスボーダーM&Aに関わるのであれば，現地の規制，市場，商習慣等に関する知見はもちろん，M&A実務における特有論点とその対処法に精通している必要がある。特に新興国で散見される“二重帳簿問題”は典型的なクロスボーダーM&Aの論点であり，仮にこうしたイシューが検出された場合にどのように対処するか，というのはFAの力量が問われるところである。

役割②：交渉

　"会社を売る"M&Aにおいては事業そのものが"売り買い"の対象となるため，交渉の対象と合意すべき事項も多岐にわたる。筆者の経験から断言するが，最初から最後まで順風満帆，和やかに進んだM&Aというのは存在しない。必ず何かしらの問題が起きる。M&A取引の複雑性とセンシティビティ，売り手・買い手双方にとっての影響の大きさを考えると喧々諤々の議論，多分に情動的な一幕に出くわすというのも当然であろう。

　上で述べたとおり，FAの提供価値は財務・M&Aに関する専門知見が肝というのはもちろんだが，同時に相手方との交渉においても大変重要な役割を果たしており，具体的にはM&Aの実務において売り手・買い手が直接に取引条件を議論するのはごく限定的な局面であり，ほとんどはFAを通じて協議・交渉されるが，それはこうした局面は当事者同士ではなく，M&Aの専門家であるFAが，各々のクライアントの利益を代表したうえで議論するほうがスムーズに交渉が進む，ということが全世界的のオーナー，経営者，そしてM&A関係者の間で共有されているからである。

役割③：プロセス管理

　M&Aのプロセスを単になぞれば，LOIの提示，デュー・デリジェンスの実施や契約書の締結等，類型的なパターンに分類可能である。しかし，ここで大事なのはタイミングを見誤らないことだ。特にデュー・デリジェンスについて，その実務的な趣旨と目的を理解できていない問い合わせは大変目立つ。

　例えば，デュー・デリジェンスを実施するに際しては，価格について一定程度の事実上の合意ができている必要がある。デュー・デリジェンスの結果等を踏まえて後に調整を行うにせよ，レンジあるいは算定に関する考え方が両者で共有できていなければ，弁護士や会計士といった士業専門家にフィーを払ってデュー・デリジェンスを行う段階に至っていない。デュー・デリジェンスの趣旨は，原則として取引執行を両者の事実上の方針として共有しつつ，そのうえで取引を中止すべき瑕疵が存在しないかを判断するものである。

　ここでもFAは重要な役割を果たす。M&Aに関わるその他専門家（弁護士，会計士等）の選定に関する助言や，時には相見積もりの取得といった実務面のサポートはもちろん1つの支援事項となりうるが，最も大切なのは協議・交渉の進展度合いに応じ，適切なタイミングでクライアントに対して次にとるべき打ち手を進言するということである。

　なお，稼働時間ベースで費用をチャージする弁護士や会計士に対して，FAのフィーは固定であるため，クライアントからすると使い勝手がよい。また，FAはM&Aという取引について最も全体像が見えている専門家であり，また成功報酬が収益源であることから，よりビジネス的な目線からさまざまな論点（とりわけデュー・デリジェンス等で検出されたリスク）を議論するに適した専門家ということができる。

　したがって，M&Aの実務においてFAはクライアントに最も近い立場から，具体的な案件進捗に応じて論点の見極めを行いつつ，適宜，タイミングを見極めて士業との連携を取りつつ案件を取り仕切っていくというのが実務のごく一般的な風景である。

5-6　FAの選び方

　上記で概観したFA（ファイナンシャル・アドバイザー）の役割は非常に専門的な熟練が求められる。したがって，M&Aを行う場合，FAの起用を欠かすことはできない。特にクロスボーダー案件において，見様見真似，"我流"のM&Aを行うのは大変危険であり，現地のM&A実務と特有論点，対処法に精通したFAを起用することが不可欠である。そこで，本章の締めくくりとして，よいFAの見極め方をご紹介したい。

トラックレコードを確認する

　FAの介在価値とは，一言でいえばいかに案件をまとめることができるかという点に尽きる。

　そのためまずは，トラックレコードについて聞くことである。そのときのポイントは，①（会社としてはではなく）担当者個々人の実績がどうであるか，②どの段階からどういった態様で関与したか（案件組成の段階か，それとも取引執行の段階か）という２点を確認することである。

　①の理由としては，M&Aアドバイザリー業務は個別に細分化することが難しいため，超大型案件であってもコアメンバーは４，５名前後の編成となることが通常だからだ。またその業務は属人性が高く，したがってたとえ同じ組織であっても，個別の担当者の力量によってクオリティが左右される。

　②の理由としては，一口に「M&Aに関する実績」といってもさまざまな形があるからであり，発注を検討しているスコープで仕事を任せられるかを精査するためである。

　実際にこうしたケースがあった。とある売上1,000億円規模のメーカー駐在員が，弊社に来社されたので，パートナー探索プロジェクトについてプレゼンテーションを行った。「しばらく自分なりに動いてみます」とのことだったが，1年程経った頃再び来社された。その間どうされていたのか尋ねると，東京本社がタイの日系コンサルティング会社にタイの買収案件を探してほしいと依頼し，着手金として500万円を費用として支払ったということである。ところが半年後，「適切な候補先はありませんでした」との通知を受けたという。担当者が「どのようなアクションを起こしたのですか」と問い合わせると，現地の証券会社に丸投げしていたことがわかった。

具体的な質問を用意する

　次に，実際にそのアドバイザリー会社に実力があるか見極めるために，さまざまな具体的な質問をしてみていただきたい。どのように面談をファシリテートし，クローズまで交渉を進めたか。その際に，どのようなプロセスを経て，どういう形式の書類，契約書に落とし込んでいくのかというような点がポイントとなる。

　M&Aにおいては，あらゆる知見と経験を総動員する必要がある。クロスボーダー案件であれば，なお一層難易度は高い。ASEAN各国における会計，財務，法律等の専門知識，交渉の難所をくぐった実務経験，高度な語学力，それにその国で誰にでもアクセスできるという圧倒的な人脈と暗黙のノウハウが必要だ。案件ごと，状況ごと，相手の反応ごとにその都度判断が求められる。ここには教科書も正解もなく，つまりは実務経験の集積こそがものをいう世界なのである。

　しかし，日本企業の海外駐在員と同様に，大手証券会社やアドバイザ

リー会社，コンサルティング会社においても，数年間で転勤があり，担当が変わるということがざらにある。これでは，地脈も実務経験も十分に蓄積することは難しい。

加えて，「"有力者"を知っている」というセールストークは割り引いて聞くことだ。人脈のない異国の地で「○○財閥のAさんを知っている」と聞くと，心強く感じるかもしれないが，3分だけ，しかも訪問団の一員としてというのはよくある話である。

現地で事業を行うにあたって，オーナーや業界の有力者と面識があるというのは重要であるのは間違いない。しかし，それが"点"的な関係では全くもって意味がなく，向かい合って対等に議論ができる"面"的な関係性である必要がある。

年間契約を避ける

アドバイザーと契約する際には年間契約はお勧めしない。実際に，どれほど実力があるかというのは依頼してみないとわからないからだ。

大手通信社の海外担当執行役員の方がメガバンクの駐在員4名を連れて来社されたことがあった。その役員の方がいうには，ASEANで積極的にM&Aを行っていく方針を定めた。ついてはタイが優先候補先との役員会決定を受け，日本の大手コンサルティング会社と契約した。1年以内にターゲット企業を見つけ，M&Aをクローズするという契約内容だったが，契約後，2ヵ月経たずして，契約先の大手コンサルティング会社ではアポイントの取得さえできないことが判明したということだった。

かろうじて数社と面談することができたが，タイ企業側からはマネージャークラスの若手しか出席せず，何も話が進まなかったという。この

コンサルティング会社に依頼してもM&Aは無理だとわかったが，1年契約のため無駄な時間を費やすことになった。契約開始から10ヵ月経ったところで弊社に来られたという経緯であった。

　なおM&Aの支援に関して，KCPでは月次報酬（リテーナー）と成功報酬の2つで費用を申し受けているが，月次報酬にしているのは，万一，弊社のサポート内容に満足いただけない場合，あるいは経営方針が変わった場合等に，クライアントが契約をいつでも解約していただけるようにするためである。

洪水の陰に親日家

　2011年8～12月にかけて大洪水がタイを襲い，800人を超える犠牲者を出した。農地だけでなく，工業団地やバンコクなど都市部にも甚大な影響をもたらした。被害にあった7つの工業団地にある約800社のうち，過半数以上が日系企業であった。

　そうした最中，親しい友人から電話があった。

　昨夜，バンコクの日本人が多く住むスクンビットエリアのあるバーのカウンターで中年の日本人男性が，「ようやく黒字になったのに洪水ですべてを失った」と泣いていたという。友人は何と声をかけていいものか，号泣するのをただ黙って見ていたという。

　私は友人にすぐさまその人を探してほしいと伝え，タイの大手グループのオーナーP氏にアポイントを入れた。P氏のオフィスに向かい，大きな会議室で事情を話すと，「日本人には大変お世話になった。1億バーツ（約3.5億円）用意する。その人の会社を含め，日系罹災企業の救済の手助けをしたい」と即断された。

　ちょうどバンコクを訪問中だったある日本のファンドマネージャーにも本件について話したところ，「我々も同額出します」とこれも即決された。すぐさま商工会議所，ジェトロにアポを入れ，7億円規模のにわか救済ファンドの趣旨説明をした。

　結果からいうと，バーのカウンターで号泣していた人は見つからなかった。また，救済ファンドも，ジェトロの紹介でとある中堅企業から電話が一本あったのみで不発に終わった。後々，ある中小企業の方からご指摘を受けたのだが，洪水で困っているような零細企業はジェトロや商工会議所の会員になっていないことが多いという。「今後は自分たちのような中小企業ネットワークに声をかけてください」と言われた。

　こうした災害が起こらないことを切に祈るが，災害の陰でタイ人親日家，日本のファンドが動いていたことを覚えていてほしい。

第**6**章

M&A活用によるタイ進出
―「理化工業」のケーススタディ

森嶋勲社長との出会い

　理化工業は，大阪府八尾市に本社がある創業50年を超える熱処理会社だ。自動車や自転車部品の熱処理や塗装を行っている。従業員は約50名程度（2011年当時）で，中小企業ながらスポーツサイクル大手のシマノなどが顧客にいる。父である先代から事業を引き継いだ森嶋勲社長は，鉄鋼系専門商社に勤務経験のある温厚な紳士だ。

　初めて森嶋社長と出会ったのは2011年10月だった。タイ進出に興味のある八尾市の製造系中小企業の社長を募って，森嶋社長が訪タイツアーを計画し，数名で来られた。当時，私がとある八尾市の企業のアドバイザーを務めていた関係で，現地にてお会いした。そのときは，タイの市場のことやパートナー探索プロジェクトについて簡単にお話したのみだった。それからしばらく経った翌年4月，森嶋社長が再度タイを訪問されてオフィスにてお会いした。

　「楠本さんにコンサルをお願いするとして，どのような動きをしていただけますか」と森嶋社長に単刀直入に聞かれた。

ジュタワンメタルラボ社との合弁会社設立の契約締結日に。同社のキティサック社長（左）と理化工業の森嶋勲社長＝2013年，タイ

　「タイの熱処理会社を数十社リストアップし，オーナーと面会を取り付けます。片っ端からオーナーに会っていきましょう」と私は即答した。

　「タイの熱処理会社のオーナーに会ってどうなるのでしょうか」と森嶋社長が聞かれた。

　「御社の今後のシナリオが浮かび上がってくるはずです。合弁になるのか，M&Aになるのか，今の段階

ではわかりませんが，必ずいいシナリオが出現します」

「もし出てこなかったら，どうするのですか」

「絶対出てきます」

「でも，もしなかったら」

こんなやり取りを数度したのちに，私はこう言った。

「千歩譲って，もし何も浮かばなかったとしても，森嶋社長はタイの熱処理業界について最も詳しい日本人になります。そうすれば次の手が打てます」

その後，弊社と契約いただき，ロングリスト，ショートリストに沿ってタイ企業への訪問が始まった。

海外進出検討の理由

聞けば，森嶋社長は2001年に２代目社長に就任。前職の商社勤務の経験もあってか，新しい事業へ挑戦していこうという気持ちが強い人である。2003年頃から海外展開も視野に，中国，台湾，ベトナムなどアジア諸国の市場を視察していたという。

だが，視察を重ねるほど現地のコネクションもなければ言語も商習慣も異なる国で，ゼロから顧客を開拓し，人を採用して事業を展開することを考えると，単独で進出することは現実的とは思えなかったという。中国を訪れたときは，反日感情の強い時期でもあり政治的な不安要素もあったという。

その意識を変えたのが2008年のリーマンショックだった。理化工業の熱処理の売上も６割程に落ち込む影響を受けた。2010年半ば頃にはリーマンショック前の水準に戻ったが，翌年の東日本大震災でまた打撃を受けた。こうした一連の流れで，大手製造メーカーが製造拠点をアジアへ

移転し，現地生産，現地調達へ大きくシフトしていった。

　森嶋社長も「このまま国内での事業展開だけでいいのだろうか」「会社が生き残る選択肢を増やしておくべきではないだろうか」と海外進出について真剣に検討するようになったという。こうした企業は当時，特に製造業には多かったのではないだろうか。

　弊社に相談に来られた時点では，「是が非でもタイに進出したい」という考えまでは至っていなかった。正直，大手製造メーカーに付随して，熱処理会社もすでに多く進出しており，今から進出するのでは遅いのではないかという考えもあった。同時に，ある程度工業化も進んでいないと熱処理技術のニーズは生まれないため，ベトナム，インドネシアなどの国では時期尚早とも考えていた。とりあえず，一度現地を見て真剣に検討しようという段階であった。

パートナー探索プロジェクトの開始

　2012年5月からパートナー探索プロジェクトが開始した。毎月の森嶋社長の訪タイに合わせて，熱処理会社のオーナーとのアポイントを取り付けた。3日ほどの滞在で，1日に2，3社程度，回れるだけ回った。

　初めて訪問した企業との面談は，協業可能性の観点からは期待外れだったが，思わぬ収穫もあった。対応してくれた同社の70歳近いディレクターは，我々の訪問をとても歓迎してくれた。タイでは親日的な人によく会うが，ここでも日本人と聞くだけで頬をほころばせる人がいた。仕事以外の話も弾み，気がつくと近くのレストランで昼食までごちそうになっていた。

　聞くと，同氏はマレーシアで育ち，アメリカで苦学，タイで欧米人と熱処理会社を起業したという。同社は離職率も少なく，経営がうまく

いっているようだった。「なぜタイ人なのにマレーシアに行かれたのですか」と尋ねたところ，「日本軍が来たので逃げたのです」と控えめに話された。「でも，もう済んだことですから」と。

　決して大きな会社ではなかったが，欧米系の顧客も出入りしている様子も見ることができ，グローバルに開かれている環境と，タイの歴史的な背景にも触れた印象的な訪問になった。

　数回目の訪タイのときからは，森嶋社長に加えて技術責任者の北山昌男氏と営業責任者の福井俊彦氏も同行するようになった。企業訪問を重ねるうちに，森嶋社長の中でタイがまた来たいと思える国となったタイミングでの合流であったという。海外進出するということは，当然のことながら大切な社員を現地に派遣するのである。安全性はもちろん，親しみを持てる国であるかというのは言語化するのが難しい感覚ではあるが，重要な判断の一歩であった。タイ進出が現実的に感じられた頃に，信頼できる両氏が加わった。

　パートナー探索プロジェクトでは，合計で約20社を訪問した。大手もあれば中堅もあった。何社かは快く工場も見せてくれた。最新鋭の設備をそろえたところもあれば，古い機械を丁寧に使っている工場もあった。森嶋社長らは，工場での機械の稼働状況を一目見るなり「3割しか稼働していないですね」「こんな置き方したら中心まで熱が通らないですね」などと状況を適切に判断されていた。さすがその道のプロである。

　こんな出来事もあった。パートナー探索をしている最中，同業ですでに進出しているとある日系企業に挨拶に行ったことがある。すると，開口一番に「タイへの新規進出はやめたほうがいいですよ。今から進出するならインドかロシアでしょうね」という。ライバル企業へのけん制かとその場では理解したが，進出後に，実際に事業にとても苦戦されていることがわかった。

ピントングループとの出会い

　そうして出会った企業のうちの1社が，後に合弁を組むことになった Jutha Wan Metal Lab（以下，ジュタワンメタルラボ）である。タイ中部のチョンブリー県にあるピントン工業団地という広大な工業団地を所有しているピントングループに属するうちの1社である。

　同社は同じく熱処理会社で，真空炉と連続炉という異なる技術の施設を別々の工場に所有している。見学した工場は理化工業と同じ連続炉を持つ工場で，機械が数台並ぶむっとする暑さであった。あまり稼働率は高くないようだったが，仕事内容も近く，設備も似ている。「ここなら一緒に努力することで，理化工業のノウハウを生かして新しい技術を試すこともできるのではないか」と森嶋社長は感じたという。オーナーの人柄がいいのも気に入った。

パートナーとの交渉開始

　協業の可能性を見込める会社に対しては再度の訪問を重ねる中で，最終的にジュタワンメタルラボが最善の協業パートナーと判断し，交渉を開始した。交渉する中で，ジュタワンメタルラボの置かれている背景も見えてきた。親会社で鋼材を扱うジュタワンメタルの顧客から熱処理加工の依頼を受けて設立されたが，特殊かつ高度な技術を一朝一夕には獲得することができず苦戦していたのだ。互いにとって渡りに船という格好だった。

　いよいよ，ジュタワンメタルラボとの交渉が始まった。KCPで提案をしたのは下記2点である。

160

①　親会社であるジュタワンメタルと理化工業で合弁会社を組成する
②　ジュタワンメタルラボの連続炉の設備，人員，事業，ライセンスを
　合弁会社に事業譲渡する

　つまり，合弁会社設立と同時に事業譲渡をするというスキームだ。理
化工業がほしいのは連続炉の設備とライセンス，人材，顧客である。そ
こで，新会社を設立し，そこに必要な資産，人材を事業譲渡することで，
自社にとって必要な経営資源を備えた形で事業を始められるという体制
になる。現時点で把握していないが，後々コンプライアンス上問題とな
り得る可能性のある過去の債務等を引き継がずにすむという狙いもあっ
た。
　結果として，大手の熱処理会社との合弁，Rika JTW Heat Treatment
（リカジュタワンヒートトリートメント）社が以下の持分で設立された。

　理化工業……49%　　ジュタワンメタル側…49%　　KCP…2%

　熱処理もタイの外資規制の対象にあたるため，タイ側で51%以上の
シェアを保有する必要がある。しかし，私はタイ側が51%持つことを推
奨しない。なぜなら，前述のように合弁を組む2社は互いに対等な関係
であるべきだからだ。KCPが2%を所有することで，両社の対等な持
分を実現する，そしてKCPが今後の経営に関しても責任を持って関わっ
ていくという意味合いが生じるのだ。
　この合弁についてラッキーだ，偶然だと思う人がいるかもしれない。
しかし，私は決してラッキーだとも偶然だとも思っていない。必死に目
的をもって動いているときに運がついてくるということを身をもって
知っているからだ。

新会社始動

　こうして2013年12月，Rika JTW Heat Treatmentが始動した。社長には，技術責任者としてパートナー探索に同行していた北山昌男氏が就任した。当時40歳であった。福井俊彦氏も営業責任者として赴任した。

　始動初日，ピントン工業団地の工場の敷地で出発式を行った。工場前の駐車場に簡易ステージが設置され，バンドの演奏が流れる中，合弁会社の門出を祝った。全従業員を前にして森嶋社長はこう伝えた。「日本人と一緒に仕事をしてよかったと思ってもらえるような会社にしていきたい」。続いて北山氏が「ピントン工業団地の中でどこよりも高い給料を払える会社にします」とスピーチをした。後に北山氏にこう述べた背景を聞くと「社員のモチベーションを上げたかったからです」と話していた。

　合弁会社は設立当初から順風満帆ではなかった。合弁会社の始動時の状況をまとめると，以下のとおりだ。

- 技術力が足りず，受注・売上が少ない
- 機械のメンテナンスが行き届いていない
- 経営が軌道に乗っていないため従業員に活気がない

　だが，これは「ないもの」に注目した場合である。そうではなく，森嶋社長らは「あるもの」に着目して以下ように状況を捉えていた。

- 工場，ライセンス，十分な設備がある
- ノウハウのある従業員がいる
- 顧客がいる

　日本で工場長を経験していた北山氏も「十分な設備と何よりノウハウのある従業員がいる。ここなら自分がテコ入れをすることで再生できるかもしれない」と考えたという。そして，想定する勝ち筋も見えていた。今ある経営資源を最大限活かそう。そうした考えのもとで，合弁会社は始動していた。

最後発からのスタート

　改善すべき点は山ほどある。そうした状況下で営業担当の福井氏は，日系企業の新規顧客開拓に取り掛かった。最初の数ヵ月は，ジュタワングループからの紹介を頼って営業に回った。その他にも，一日中電話帳をめくり，取引先となるような会社を探しては電話をかけて，アポイントをとっていった。

　実は，合弁会社のおかれた状況は外部環境においても不利だった。後に判明したことだったが，理化工業より後にタイに進出した日系の熱処理会社は存在しない。また，進出した日系熱処理会社の中で理化工業が一番小さな規模でもあった。つまり，タイで熱処理加工の技術を必要とする日系の製造会社には，すでに契約をしている熱処理会社があるということだ。そしてそうした会社は，合弁会社の数倍の機械を持ち，生産量で圧倒していた。最後発からのスタートであった。

　だが，合弁会社にはこの状況を打破できる強みがあった。

- 合弁での進出により初期投資を抑えられているため単価を落とせること
- 小ロット多品種であらゆる種類に対応できること
- 量が少ない分，短納期が実現できること

> ● 技術を持つスタッフがいること

また，外部環境に関してもチャンスはあった。二次，三次下請けの
メーカーが熱処理加工に困っている状況であることが，パートナー探索
プロジェクトを進行する中で判明していたのだ。すでに進出している熱
処理会社はどこも規模が大きいため，単価が高かったり，元請けと下請
けの力関係により納期が不明瞭であるという状況が生じていた。

そうした強みとチャンスを生かして，粘り強く営業を続けた。次第に
現地の日系企業との関係性が構築されていくにつれ，受注を受けるよう
になった。新規に進出してくるメーカーも顧客になっていった。森嶋社
長も，合弁設立後から2年ほどは毎月渡航し，役員会に出席した。主に
資金繰りや営業成績，売上推移について話し合いの場を持った。私も毎
回出席し，経営方針や業績を注視していた。

従業員たちと向き合う

さてその間，北山氏は技術責任者として一日中工場で従業員と向き
合っていた。工場長の経験からも改善すべき点は機械のメンテナンスを
はじめ多くあった。気合
は十分であったが，当然
のことながら言葉の壁に
ぶつかった。通訳を雇っ
たが，最初の通訳が3ヵ
月で辞め，2人目も2週
間で去った。タイではよ
く聞く悩みである。そも

合弁会社設立パーティー兼忘年会にて会社前に設置したステ
ージでスピーチする北山昌男氏（右）＝2013年，タイ

そも通訳を雇っても，北山社長らが扱うのは専門用語である。専門知識がない通訳を挟んでプロが会話するというのも不都合であり，独学でのタイ語の勉強を始めた。

　近くの本屋でとりあえず買ったタイ語のテキストとYouTubeをもとに，仕事が終わると毎日深夜2，3時まで必死に勉強した。

　ある日，デスクに戻ると1人の従業員からメールが届いていた。

「あなたは1人で考え込まなくていい」

　つたない英語だった。北山氏も英語は得意ではない。だが，気持ちが伝わってきた。初めて経験する社長という重責，業績へのプレッシャー，工場の管理…端からみてもわかるほど余裕のない状況であるのが見て取れたのだろう。それを感じ取り，気遣い，言葉をかけてくれた。その優しさに肩の力が抜け，「コップンカップ（ありがとう）以上の気持ちを直接伝えたい」という気持ちが生まれた。その原動力がもととなり，今ではタイ語で不自由なく従業員とコミュニケーションをとっている。

　タイ語は単なる仕事をするためのツールではない。タイ語を話すことで，「従業員が自分という人間に興味を持ってくれた気がする」と北山社長はいう。日系の工場では通訳を数人雇うケースが多いが，それに頼り切らず，相手を理解したいという気持ちがコミュニケーションの根本なのであろう。

　森嶋社長の責任感と統率，現場での努力，従業員と向き合う姿勢が徐々に実り始めた。3年目で業績が改善の兆しが出ると，5年目で単月黒字を達成し，日本本社から送金が不要になった。そしてコロナ禍にもかかわらず，2020年からキャッシュフローが黒字に転じた。タイ進出から7年。長い道のりであった。

挑戦か，撤退か

　先日，久々に工場を訪ねた。工場ですれ違った従業員が立ち止まって丁寧なお辞儀をしてくれたのが印象的だった。決して十分とはいえない状況から，根気強く事業に向き合ってこられた道のりを思うと感慨深かった。どのような判断でタイ進出を決意したのか，改めて森嶋社長に伺った。

　「挑戦したいという気持ちが根底にありました」と森嶋社長は話す。リスクのない海外進出など存在しない。失敗する可能性もあったが，理化工業は挑戦を選択した。たとえ失敗したとしても経験が残り，次に生かすことができるからだ。

　「それなりに儲かっていていい会社があったら買う」「儲けられるところで確実に儲ける」。こう考えるのは当然だろうが，そんなうまい話はそうそうない。繰り返しになるが，買収当時の会社は条件としては決して完璧ではなかった。それを「こんなダメな会社」と思うのか，「設備も技術を持つ従業員もいる，いい会社」と思うのか。また，当初の売上や利益が想定よりも少ないことを，進出を取りやめる要因とするのか，「自分たちが一緒に努力をして売上を上げていこう」と捉えるのか。

　天秤にかけてどちらに舵を切るのか。

　その判断はそれぞれの経営者次第だ。私は土地を買って，工場を建設し，設備投資をして，人を雇うのが本当のゼロからのスタートだと思う。ライバル会社は海外事業を確実に拡大していっている。何もせずに撤退するということも，会社の10年，20年先にとって大きなリスクであるのだ。

　森嶋社長はこうも付け加えた。最初にバンコクのオフィスで会ったときに私がこう言ったという。「タイ人を使って自分の会社だけ金儲けし

ようなんて考えているなら，進出をやめたほうがいいですよ。絶対に失敗します」。その言葉を聞いてKCPと契約を決めたという。異国の地で現地の人の力を借りてビジネスをさせてもらう，という姿勢を最初から持っていたのであろう。

　余談であるが，理化工業と同時期に西日本のある中堅熱処理会社がタイ進出を決めた。この進出形式は以下のとおりだ。

- 単独進出で6億円の投資
- 東部の工業団地に土地取得
- 新規で工場建設
- ライセンスの取得
- 現地従業員の採用，育成，日本での研修

　操業は3年後となっている。問題が多い進出形態だと思った。コロナ禍以前においてタイの失業率は1％前後といわれる。新たに進出してきた日系企業が優秀なエンジニアを採用できるだろうか。首尾よく採用できたとして，日本に研修に行かせたタイ人エンジニアは帰国後すぐにより給与の高い競合先に転じる可能性もありうる。そもそも3年後の操業開始では遅すぎるのではないだろうか。

従業員に成長できる環境を

　海外進出がうまくいくと，会社も社員も元気になるというのが私の持論だ。森嶋社長も社員へのいい影響を感じているという。それは，従業員の視野を広げ，成長する機会を与えることができたということだ。

　実は，北山氏は，パートナー探索プロジェクトで訪タイするにあたり

初めてパスポートを取得した。それまでは，このまま日本の工場で働くことを当然と思っており，よりよい品質を顧客のニーズに合わせて提供することにやりがいも感じていたという。それでも実際に訪問し，工場を見ていく中で，タイで挑戦する可能性が広がっていった。そして，実際に9年間現地に根を張ることで，視野は自然とアジア全体の市場の動きや為替の動向を捉えるようになり，タイ語も話せるようになった。

　日本にいる社員にとっても変化はある。人事交流として日本語を話せる合弁会社のタイ人従業員数名を大阪の理化工業で1年間研修させたこともある。これまで同様に海外を考えたことのなかった会社のオフィスや工場に，タイ人従業員が当たり前にいる環境になった。

　国内のみで事業を展開していれば，需要の伸び悩みは否が応でも感じざるを得ないだろう。バブル崩壊後の経済しか知らず，いい時代を経験したことのない従業員もいる。一方で，「タイにはまだ努力すれば報われると感じやすい環境がある」と森嶋社長は実感している。タイ進出前と比べて日本本社では従業員が20名ほど増え，合弁会社では設立当時から3倍近くに増えたという。

　「嬉しかったことがあります」と森嶋社長は最後に顔をほころばせて言った。役員会への出席のためにタイを訪問したときに，社員の奥さんから伝えられた。子どもが理化工業の帽子をかぶって遊びながら「どうやったらお父さんの会社に入れるの？」と聞いたという。

　今後の展望について，森嶋社長は「社員に向上心を持ってもらいたい」と話す。一味違うな，と思われる製品やサービスを目指す向上心。昨日よりも今日，今日よりも明日をよりよくしていこうという向上心。そうした気持ちで社員が一丸となれば，小さな会社でも大きな挑戦ができる，と実感している。

おわりに

アジアに，世界に生きる

　日本は急がなくてはいけない。

　タイ王国政府系商業銀行バンクタイ（現 CIMBタイ）に2002年から2010年まで勤務した。タイの東京大学，京都大学といわれるチュラロンコン大学，タマサート大学卒の秘書を採用したが全員すぐに辞めた。理由は簡単だ。タイの銀行では学部卒などいないからだ。辞めた秘書は全員大学院に進み，バンクタイに戻ってくるか，ほかの銀行に行った。アセアンの銀行では大学卒がまれだ（恐らく世界中でそうだと思う）。ほとんど大学院卒だ。なかには博士課程を終えたものもいる。私の同僚には，東京工業大学大学院で人工知能を専攻したタイ人女性もいた。

　英語ができない行員はいないといっていい。誰とでも英語で会話できる。ヴァイスプレジデント（VP）以上なら，ビジネスレベルの英語は確実にできる。また，バンクタイのNo.2は女性だった。3,000人ほどいた行員の中でエグゼクティブヴァイスプレジデント（EVP）は20名強だったが，半数以上は女性だった。

　日本だけが，大学卒が多く，英語ができず，男性社会で圧倒的に遅れてしまっている。コラムにも書いたが，1954年，文部省給費留学生という制度ができた。まだまだ日本が貧しい頃に，アジアから留学生を受け

入れている。見事な国家感だ。食うことすらままならないのに，アジアのリーダーになろうとする心意気を感じる。いったい誰なのだろう。このような起案をして，実行したのは。同じ日本人としてとても誇りに思う。

　バンクタイのピラシン元頭取（東京外大－横浜国立大学）と今でもときどき食事をご一緒する。その際，決まっておっしゃる言葉がある。

　「昔，横浜国立大学に留学中で留学生会館に住んでいたとき，ゼネスト（ゼネラル・ストライキ）があったんですよ。ある職員の人が3時間線路を歩いて通ってきたんですよ。ボクはびっくりしました。線路を歩いてきたんですよ。そんな人，日本にしかいません。日本は素晴らしい国なんですよ」

　20代から30代前半まで，ほとんどを中東担当として過ごした。サウジアラビア，クウェート，アラブ首長国連邦，オマーン，カタール，バーレーン。どこに行っても，日本人というだけで大事にされた。その頃の日本人中東担当は皆，口をそろえて言っていた。私たちの先祖，先輩のおかげだと。

　それがどうしたことだろう。いつの間にか二流，三流の国になってしまった。私なりにその理由がわかる気がする。

　妻とマレーシアのマラッカに行ったときのことだ。マラッカは1511年，ポルトガルに征服されている。ウィリアム・バーンスタイン著『交易の世界史』によると，そのときマラッカでは80数ヵ国語が話されていたという。しばらくしてフランシスコ・ザビエルがヤジロウと会うのもマラッカだ。80数ヵ国語の中には日本語がなかった。

　一昨年，コロナ禍の前に学生時代の友人と再びマラッカに行った。大航海時代の帆船が復元され博物館になっている。その中の展示物に80

数ヵ国語が列挙されてあった。最後のほうにリューキューと書いてあった。沖縄の人が交易に来ていたのだ。

　1623年，モルッカ諸島のアンボイナで英国とオランダの間で抗争があり，英国人が処刑されている。驚いたことに傭兵であった日本人も一緒に処刑されている。その頃アユタヤ王朝には山田長政もいた。つまり，私たち日本人は昔からアジアの各地で活躍してきたのだ。そういうマインドのある国民なのだ。

　『クアトロ・ラガッツィ』で若桑みどりさんが嘆いている。あのとき日本は世界に開いていたのに，国を閉じてしまった。私には，今また日本が国を閉じてしまったようにみえる。

　どの高校からどの大学に何人入ったかを毎年飽きもせず報道する週刊誌。どの大学から何人どの企業に入ったかという，就職人気ランキング。日本の中で勝った負けたを言っている間に，日本の大学も，日本の企業も世界から取り残されてしまった。

　私が初めて行ったドバイはクリークを挟んだ田舎街で，クリーク沿いに何千年も形を変えない木でできたダウ船がつらなっていた（いまでもダウ船はある）。上海の南京路では，路上をパジャマで歩いている人もいた。シンガポール博物館に行くと，リークアンユーが泣いている画像が見られる。マレーシアと離別。国の先行きの困難を前に，若いリーダーは途方に暮れている。あれからドバイ，上海，シンガポールはどれだけ発展しただろう。私のいるバンコクもこの20年で街中の空き地がなくなった。すべて高層オフィス，コンド，ホテルに姿を変えた。

　日本だけが発展から取り残されたようだ。私のように30年近く海外にいるとはっきりわかることがある。駐在員を含む日本のビジネスパーソンが価値を生み出していないのだ。

　日本の本社はダメだと言っています。本件については慎重に進めるように，とのことです。時期尚早だと言っています。

　こういう言葉を聞くと「それで？」と言う。

　ほとんどの日本人は沈黙してしまう。

　「それであなたはどう思うんですか」

　「本社は間違っています」

　「ではどうするんですか」

　そこでいつも言う言葉がある。

　「あなたはメッセンジャーになるために生まれてきたんですか。間違っていると言えばどうですか」

　「でも，決まったことですから」

　「人間は必ず間違えるんですよ。今日でなくていいです。来週でもいいですから，もう一度再考するようワークしてください」

　「……」

　『失敗の本質』という本がある。なぜ日本は戦争に負けたのか。大きな理由の1つは大本営のエリートたちは現場を無視し，勝手な議論に終始した結果，大敗した。私たちはそこから何を学んだのだろう。何が変わったのだろう。

　OECD加盟国の中で自殺率トップ，賃金最低，幸福度97位。偏差値教育が悪い。企業の一括採用が悪い。終身雇用制が悪い。消費税増税が悪い。デフレから脱却できない。政治家が悪い。

　戦後，何もないところからスタートした日本人が作り出したのは，何とも魅力のない，夢のない国だ。最近の日本人の仕事には迫力がない。自分が何とかしてやろうという気合いもない。しっかり勉強しなさいよ，いい会社に入りなさいよ。出来上がったのは無気力，無教養，ユーモア

のかけらもない，なんの面白味もない無趣味な人間だ。ただ，下請けをいじめるという話はよく聞く。仕事上，いろんな企業の方と会うが，下請けをいじめるために生まれてきたような奴がいる。

ASEANにはこのような人はいない。

私たちはもう一度，真の意味で“開国”することが必要なのではないか。かつてのようにアジアに，世界に生きる日本人へと戻らないといけない。

日本は急ぐ必要がある。英語で自由闊達にコミュニケーションができて，ITに強く，教養があって，ユーモアのある人間を数万人単位で育てる必要がある。

これからアジアの時代になることは間違いない。

最後に。海外進出は必ず困難の連続に直面する。海外進出は第二の創業であり，やり遂げるためには志，覚悟，熱意，迫力の4つを持たなければならないと常々申し上げてきた。

本書は，海外事業を成功に導く“成功の方程式”をお伝えしたつもりである。しかし，方程式を活用し解を導き出せることができるか，それはひとえに個々のビジネスパーソンの志，覚悟，熱意，迫力にかかっている。

アジアを舞台に世界のために働きましょう。

楠 本 隆 志

〈参考文献〉

戸部良一ほか『失敗の本質－日本軍の組織論的研究』中央公論新社，1991年
三品和広『経営戦略を問いなおす』筑摩書房，2006年
Joseph L. Bower "Not All M&As Are Alike－and That Matters" Harvard
　　Business Review, 2001.
楠本隆志ほか『誰も語らなかったアジアの見えないリスク－痛い目に遭う前
　　に読む本－』日刊工業新聞社，2012年
ウィリアム・バーンスタイン『交易の世界史（上・下）』筑摩書房，2019年
若桑みどり『クアトロ・ラガッツィ（上・下)』集英社，2008年

【著者略歴】

楠 本 隆 志（Takashi Kusumoto）

KCP代表パートナー

タイ国政府系商業銀行バンクタイ（現 CIMB Bank）エグゼクティブヴァイスプレジデント経てKCP
を設立し，代表パートナーに就任。以降，三菱地所，鴻池運輸，日活・日本テレビ等の日系大手企
業のM&A，合弁案件を手掛けた。日系商社時代にはサウジアラビア現地企業出向，ニューヨーク現
地法人副社長，シアトル現地法人社長を歴任。現在，日本政府系機関複数でアドバイザーを務める
ほか，過去にはAIRA Securities，日系戦略コンサルティング・ファームのコーポレイトディレク
ションの顧問を務めた。

三菱UFJモルガン・スタンレー証券，マーキュリア・インベストメント，辻・本郷税理士法人，早
稲田大学等，講演実績多数。

著書に『アジアの見えないリスク』（日刊工業新聞社，共著）がある。

1978年：大阪外国語大学（現 大阪大学）卒業

1993年：ワシントン大学経営管理プログラム修了

海外M&Aの戦略と実践
海外事業を成功に導くクロスボーダーM&Aの実務

2022年12月30日　第1版第1刷発行

著　者　楠　本　隆　志
発行者　山　本　　　継
発行所　㈱中央経済社
発売元　㈱中央経済グループ
　　　　パブリッシング

〒101-0051　東京都千代田区神田神保町1-31-2
電話　03 (3293) 3371（編集代表）
　　　03 (3293) 3381（営業代表）
https://www.chuokeizai.co.jp
印刷／三英印刷㈱
製本／侑井上製本所

© 2022
Printed in Japan